CW01657787

FUSSBALL
ACADEMY

Bisher erschienen:

Band 1 – Eine wichtige Entscheidung

Band 2 – Eine blöde Verletzung

Band 3 – Eine große Überraschung

In Vorbereitung:

Band 4 – Ein eiskalter Winter

www.niklasfussballseite.de

Irene Margil | Andreas Schlüter

Fußball Academy

Eine blöde Verletzung

Mit Illustrationen von
Jan Saße

CARLSEN

Inhalt

Das erste Wochenende

Yao hockte oben auf seinem Etagenbett und betrachtete das Jahrgangsfoto, das gerade mal vor einer Stunde vor dem Haupteingang geschossen worden war. Die Schulleitung hatte es an alle verschickt. Und Yao konnte es wunderbar auf seinem neuen Smartphone abrufen. Seine Eltern hatten ihm das Telefon als Abschiedsgeschenk von zu Hause mitgegeben, damit er sie jederzeit anrufen konnte.
Seit fünf Nächten schlief Yao gemeinsam mit Fiete, Haruki und Max in Zimmer Nummer 5 der Fußball Academy. Das war eine Schule mit ganz neuem Konzept, die junge Fußballer früher

als bisher üblich rundum fördern wollte. Yao gehörte zu den ersten zwanzig Jungs zwischen 11 und 14 Jahren, die ausgebildet werden sollten: vom ganz jungen Fußballtalent zum späteren Fußballprofi.
Die erste Woche hatte viel Spaß gemacht. Obwohl er bereits seinen ersten großen Ärger hinter sich hatte. Bei einer Kissenschlacht im Zimmer war ein Bilderrahmen zu Bruch gegangen, den Yao hatte ersetzen müssen. Aber sofort hatten alle Jungs ihr Geld zusammengelegt und gesammelt, um den Rahmen bezahlen zu können.
Yao war froh, dass er sich mit den anderen so toll verstand und dass sie sich schon in der ersten Woche zu einer guten Gemeinschaft zusammengefunden hatten. Das war seine größte Sorge gewesen. Es hätte ja auch sein können, dass seine neuen Mitschüler sich als totale Blödmänner herausgestellt hätten. Aber das genaue Gegenteil war der Fall. Das hatte Yao zwar gehofft, aber wissen konnte er es

nicht. Alle Jungs hier waren nett, lustig und – genau wie er – leidenschaftliche Fußballer.
Yao sah sich weiter das Foto an und stellte erneut fest: Der Größte von allen war Ali und die Kleinsten waren unverkennbar Fiete und er. Das wurmte ihn sehr. Aber er wusste, dagegen konnte er nichts machen.
Haruki hatte sogar vorgeschlagen, Yao und Fiete sollten sich einmal exakt messen, damit man wusste, wer nun wirklich der Allerkleinste war. Doch zum Glück waren Fiete und er sich sofort einig gewesen: Sie waren *gemeinsam* die Kleinsten und damit basta.

Damit stand nur fest, dass sie sich im Laufe ihrer Fußballausbildung vermutlich nicht gerade zu „Kopfball-Ungeheuern“ entwickeln würden. Aber das wars auch schon. Alles andere konnten sie ebenso gut wie die größeren Jungs. Manches vielleicht sogar besser. Sie waren deutlich wendiger und dribbelstärker als zum Beispiel Ali.

Yao legte das Smartphone beiseite und holte den USB-Stick hervor, den er schon die ganze Woche unter dem Kopfkissen aufbewahrte. Sein bester Freund Leon hatte ihm den Stick zum Abschied gegeben. Und noch immer hatte Yao keine Gelegenheit gefunden, sich anzusehen, was da eigentlich drauf war. In sein Smartphone passte der Stick nicht. Und bisher hatte Yao keine Zeit gehabt, sich um einen Computer zu kümmern. Aber vielleicht heute, überlegte er. Möglicherweise konnte er Frau Melzig im Schulsekretariat fragen, ob er einen der Schulcomputer dafür benutzen konnte, mehr über den Inhalt des Sticks zu erfahren.

Gerade als er das dachte, platzte Fiete ins Zimmer hinein.
„Mittag!“, rief er. „Wer kommt mit zum Essen?“
„Ich!“, antwortete Yao, obwohl er der Einzige im Raum war. Schnell steckte er den USB-Stick wieder unters Kopfkissen, sein Smartphone in die Hosentasche und hüpfte vom Etagenbett hinunter. „Was gibt es denn?“, fragte er.
„Fisch“, sagte Fiete. „Bestimmt, weil heute Freitag ist.“
„Hä?“, fragte Yao nach.
Fiete zuckte mit den Schultern. „Bei uns zu Hause in der alten Schule gab es freitags immer Fisch.“
Yao stutzte. Ihm war es noch nie aufgefallen, aber jetzt, da Fiete es erwähnte: In seiner alten Schule war es genauso gewesen.
„Wo sind die anderen?“, fragte Fiete.
Fiete meinte Haruki und Max, ihre anderen beiden Zimmer-Mitbewohner.
„An der Tischtennisplatte, glaube ich“, antwortete Yao. „Die werden schon kommen.

Bestimmt haben die genauso viel Hunger wie wir."

Als Fiete und Yao die Mensa betraten, saßen Haruki und Max bereits auf ihren Plätzen. Yao ging gemeinsam mit Fiete direkt durch zur Essenausgabe. Er war froh, dass es außer Fisch auch eine Gemüsepfanne gab. Wenn schon Fisch, dann mochte Yao am liebsten Fischstäbchen. Haruki hatte ihm vor einigen Tagen mal etwas von Sushi vorgeschwärmt. Aber das hatte Yao noch nie gegessen. Und das gab es hier auch gar nicht. Sondern auf dem Speiseplan stand „gekochter Dorsch in Senfsoße". Das war gar nicht Yaos Fall und so entschied er sich fürs Gemüse.
Als die beiden mit vollem Tablett zu ihrem Tisch gingen, betrat gerade Herr Friedrich aus dem

Trainerteam die Mensa, hob beide Hände und rief: „Alle mal herhören!"
Alle im Saal verstummten und richteten ihre Blicke auf den Trainer.
Yao und Fiete legten die letzten Meter mit ihren Tabletts auf Zehenspitzen zurück, um möglichst leise zu sein.
„Euer erstes Wochenende steht an", verkündete Herr Friedrich. „Und manche von euch haben sich bei uns erkundigt, wie denn das Programm aussieht."
Yao spitzte die Ohren. Darauf war er auch gespannt! Er hatte sich schon gefragt, was sie wohl am Wochenende machen würden. Fußballspiele standen nicht an. Sie hatten ja noch nicht einmal eine richtige Mannschaft gebildet.
„Also!", sprach Herr Friedrich weiter. „Es gibt kein Programm. Ihr habt das gesamte Wochenende zur freien Verfügung!"
Es brandete nur mäßiger Beifall auf. Offenbar ging es vielen so wie Yao. Der fragte nämlich

gerade im Flüsterton: „Freie Verfügung? Was heißt denn das?“

„Das heißt, wir können tun, was wir wollen“, antwortete Yusuf, der mit am großen Tisch saß.

„Hm?“ Yao stutzte. Er hatte nicht die geringste Ahnung, was er am Wochenende tun wollte.

„Mit einer Ausnahme“, fuhr Herr Friedrich fort.

Yao hörte erneut aufmerksam zu. Vielleicht kam jetzt doch noch ein tolles Angebot.

„Am Wochenende muss jeder mindestens ein Mal in der Küche mithelfen“, rief der Trainer. „Den Einsatzplan findet ihr hier rechts von der Essenausgabe.“

Einige murrten, meckerten und begannen, darüber zu diskutieren.
„Und nun wünsche ich euch allen ein schönes, erholsames Wochenende!“ Mit diesen Worten verschwand Herr Friedrich aus der Mensa. Offenbar hatte er für sich einen sehr genauen Plan, was er mit den nächsten zwei freien Tagen anfangen wollte.
„Fahrt ihr nach Hause?“, fragte Fiete in die Runde am Tisch.
Haruki und Max schüttelten die Köpfe.
„Nö, zu weit“, antwortete Max, der aus München kam.
Und Haruki wehrte ab, als wolle man ihm etwas antun. „Nein! Auf gar keinen Fall. Meine Schwester hat Geburtstag.“
Die anderen Jungs schauten ihn verblüfft an. Fiete sprach aus, was sich offenbar alle am Tisch fragten: „Du willst nicht zum Geburtstag deiner Schwester fahren?“
„Meine Schwester ist zwei Jahre älter als ich. Und sie macht eine Karaoke-Party mit

ihren Freundinnen! Hallo?! Da kommen zehn Mädchen, die nichts anderes machen, als tanzen, singen und schnattern. Der pure Horror!“ Haruki verzog angewidert das Gesicht. Auch die anderen Jungs sahen aus, als hätte man ihnen gerade verschimmeltes Mittagessen serviert.

Bis auf Max. „Ey, Leute! ’ne Party mit zehn heißen Mädchen? Da hätte ich nichts dagegen.“

Haruki lachte bitter auf. „Alter, du hast ja keine Ahnung, was dich da erwarten würde!“

Die anderen Jungs am Tisch kicherten.
Nur Yao wurde schnell wieder ernst. Für einen Moment überlegte er, ob er nicht nach Hause fahren sollte. Gern hätte er seinen besten Freund Leon wiedergesehen. Aber so spontan? Vielleicht war Leon gar nicht zu Hause. Er fuhr oft übers Wochenende zu seinen Großeltern. Und seine Eltern? Ja, klar, die würde er gern wiedersehen ... Die zwei Stunden Zugfahrt für eine Strecke zur Familie würde er künftig ohne Probleme in Kauf nehmen. Aber er war ja gerade erst in der Academy angekommen und dann gleich am ersten Wochenende schon wieder weg? Außerdem: Wenn die anderen Jungs alle hierblieben, dann wollte er das auch. Yao nahm sich vor, am Wochenende doch schon einige Fotos für seine Eltern zu schießen und für seine kleine Schwester Isabell vielleicht sogar ein Video zu machen. Auch wenn sie das anders vereinbart hatten. Alle hatten vermutet, dass Yao sich besser würde eingewöhnen können, wenn er nicht zu oft

durch irgendwelche Fotos oder Nachfragen an zu Hause erinnert wurde.
Blieb nur die Frage, was er und die Jungs am Wochenende hier machen sollten.
„Wir könnten ins Kino gehen!“, rief Yao nun in die Runde.
Die anderen sahen ihn verblüfft an.
„Haha, Kino, nur für uns, klar!“, sagte Ali.
„Welches Kino?“, fragte Fiete.
„Hier gibt es doch eines“, erinnerte Yao die anderen. „Beim ersten Rundgang haben sie das gezeigt.“
Max kicherte und behauptete: „Da zeigen sie Lehrfilme über Fußballtaktik, aber doch keine echten Kinofilme.“
„Nein? Schade“, sagte Yao.
Die anderen stimmten zu.
„Das wäre super“, schwärmte Haruki. „Das ganze Wochenende Filme gucken: *Spider-Man*, *Minecraft-Movie* oder von mir aus auch die *Minions*!“
Die Jungs waren sich schnell einig. Ein Kino

wäre eine Supersache. Aber es gab keines. *Noch* nicht, so hofften sie.
„Und in der Stadt?“, fragte Max. „Gibt es da kein Kino?“
Die anderen verzogen die Gesichter.
„Zu teuer!“, befand Fiete.
„Was läuft denn dort?“, fragte Haruki.
Aber Yao erinnerte die anderen: „Wir dürfen doch gar nicht allein in die Stadt. Ohne Aufsicht, meine ich.“
Ein Raunen ging über den Tisch.
„Stimmt“, stellte Haruki geknickt fest.
„Und schwimmen?“, fragte Ali. „Wir haben doch ein eigenes Schwimmbad.“
„Jöhhhh!“, grölten die Jungs wie aus einem Mund.
„Schwimmen ist cool“, rief Max. „Allerdings blöd, wenn keine Mädchen da sind zum Reinwerfen!“
„Du Spinner!“, rief ihm Ali zu. „Die würden wohl eher *dich* untertauchen. Sei froh, dass keine da sind.“

Alle lachten.
„Pöh", machte Max nur.
„Also? Macht ihr mit?", fragte Ali in die Runde.
Ein einhelliges, begeistertes „JAAAA!" schallte ihm entgegen.

Chaos im Schwimmbad

„Jööö-jööö-jööö!", grölte Fiete, während er in Badehose durchs Zimmer tänzelte.
Haruki zog sich zusätzlich einen Bademantel über, legte seine Hände auf Fietes Schulter und eröffnete so eine kleine Polonaise, zu der Yao als Dritter hinzukam.
„Ziehen wir uns nicht erst in der Halle um?", fragte Max. Er steckte mal wieder mit dem Kopf in seiner Tasche und warf all seine Sachen in die Luft, bis er seine Badehose gefunden hatte.
„Du schon. Wir nicht. Ab ins Schwimmbad!", drängte Fiete und marschierte voran zur Schwimmhalle.

Vor der Halle standen schon ein paar Jungs. Einige noch in Straßenklamotten, ein paar in Badehose, manche noch mit einem Bademantel drüber, andere hatten sich nur ein großes Handtuch über die Schulter geworfen. Tobi, der Junge vom VfB Stuttgart, hatte sogar eine Schwimmbrille auf den Kopf hochgeschoben. Ihre Badekappen trugen aber alle in den Händen. Niemand wollte sie früher aufsetzen als unbedingt nötig. Adal aus Zimmer 2 redete auf Yusuf ein, seine schwarze Kappe gegen Yusufs gelbe zu tauschen. „Digga, schwarz ist doch auch im BVB-Logo."

„Okay, aber nur für heute“, sagte Yusuf und tauschte die Kappe.
„Klar, Digga“, sagte Adal und grinste zufrieden.
Fiete zeigte auf die Taucherbrille mit Schnorchel, die Max in seiner Hand hielt, und fragte verdutzt: „Was hast du denn vor?“
„Vielleicht will er Calamari fangen?“, kommentierte Dennis grinsend, dessen Vater auf einer kleinen griechischen Insel aufgewachsen war, soweit Yao es mitbekommen hatte.
„Haha“, wehrte sich Max. „Ich hab die zum Geburtstag bekommen, kurz bevor ich hierhergefahren bin, und konnte sie noch nicht ausprobieren.“
„Du hattest Geburtstag?“, fragte Fiete nach.
Max nickte.
„Herzlichen Glückwunsch. Dann kannst du ja noch einen ausgeben!“, rief Fiete in die Runde und erntete sofort Beifall der anderen Jungs.
Max winkte ab, lenkte dann aber ein. „Na, mal sehen.“

Sie gingen in die Halle. Schon am Eingang wurden sie von einem großen Schild empfangen.
Max blieb davor stehen, um die Hinweise zu lesen.
Doch Fiete schob ihn gleich weiter. „Brauchst du nicht“, behauptete er. „Du hast doch deine Taucherbrille.“
„Gerade beim Tauchen muss man Sicherheitsvorkehrungen beachten“, widersprach Max.

Doch Fiete hörte nicht hin und zog Max einfach mit sich.
Im Umkleideraum sah Fiete, wie Said seine Badeshorts über seine Unterhose zog.
„Was machst du denn da? Willst du deine Unterhose im Schwimmbecken waschen?“, fragte Fiete laut.
Said lief rot an und verteidigte sich sofort.
„Spinnst du? Die ist ganz frisch!“
„Mag ja sein“, sagte Fiete. „Aber wieso trägst du noch ’ne Unterhose unter deinen Badeshorts?“
„Machen die Profis auch so“, behauptete Said.
Fiete lachte. „Welche Profis? Du meinst, die Olympiaschwimmer tragen unter ihren Badehosen eine Unterhose?“
Max schlug sich auf die Schenkel. „Am besten noch ’ne lange. Voll geil, Alter!“
Nun ging Ali dazwischen. „Jungs! Hört jetzt aber mal wieder auf! Lasst ihn doch, wenn er es nicht gewohnt ist, sich in der Öffentlichkeit zu entblößen. Das ist doch allein seine Sache. Wo ist denn da das Problem?“

Max grinste Ali frech an. „Hast du deine auch noch an, Ali?"
„Meine ist in der Tasche", antwortete Ali. „Aber wenn du noch so einen Spruch machst, ziehe ich sie dir über den Schädel. Und meine ist nicht frisch!"
„Iiiiiiiih!", quiekten die Jungs, bevor sie in lautes Gelächter ausbrachen.
Said lachte erleichtert mit. Sah sich um. Wickelte sich ein Handtuch um die Hüften, ließ beide Hosen – die Unterhose und die Badehose – zu Boden rutschen, zog die Badehose sofort wieder neu an. Und präsentierte sich zufrieden nur in Badeshorts.
Die anderen Jungs applaudierten ihm.
„Wie die Profis!", rief Fiete ihm augenzwinkernd zu.
Er wollte nun endlich zum Becken laufen, doch Ali hielt ihn zurück. „Warte!"
„Was?"
Ali verzog das Gesicht und zeigte auf ein Schild an der Ausgangstür.

„Schon wieder die Sicherheitsbestimmungen?“, meckerte Fiete.
„Nicht nur“, antwortete Ali. „Schau mal den dritten Satz an.“
Fiete las und sagte dann: „Scheiße. Hier ist Badekappen-Pflicht. Ich hab keine dabei!“

„Kannst meine Unterhose als Ersatz haben“, feixte Ali.
Dieses Mal lachte Fiete nicht. „Nee, jetzt im Ernst. Ich hab keine.“
„Ich auch nicht“, gab Yao zu.
„Mann, Leute. Das stand auf der Gepäckliste!“, rief Haruki.
Yao zuckte mit den Schultern. „Das hilft mir jetzt nicht weiter.“
„Was solls?“, sagte Fiete. „Dann schwimmen wir eben ohne. Merkt doch keiner.“
Er schob Haruki beiseite und griff zur Klinke.

Aber die Glastür war verschlossen. Um ein Haar wäre er mit dem Kopf gegen die Scheibe gedonnert. Im letzten Moment wich er zurück.
„Na super! Abgeschlossen!“, schimpfte er. „Woher bekommen wir jetzt einen Schlüssel?“
„Vom Bademeister“, klärte Haruki ihn auf.
Fiete schaute ihn entgeistert an. „Hier gibt es einen Bademeister?“
„Was denkst du denn?“, antwortete Haruki. „Meinst du, die lassen uns ohne Aufsicht schwimmen? Das ist doch viel zu gefährlich. Wenn da etwas passiert! Die haben hier im Internat die Aufsichtspflicht.“
Fiete verzog das Gesicht. „Und jetzt? Wo ist dieser Bademeister?“
„Dort!“ Haruki zeigte durch die Scheibe.
Von innen näherte sich ein junger Mann in weißer Hose, weißen Leinenschuhen und weißem Hemd. Kaum älter als achtzehn oder neunzehn Jahre, schätzte Yao.
„Der sieht eher aus wie ein Krankenpfleger“, kommentierte Fiete.

Haruki lachte. „Wäre für dich wohl auch angebrachter", lästerte er.
Der Bademeister öffnete die Tür.
„Du bist auch Bademeister?", staunte Yao.
Jetzt erkannten es alle. In der Tür stand Sascha, einer der beiden Trainerassistenten.
„Ja, bin ich", antwortete Sascha knapp und ließ einen nach dem anderen hinein in die Halle mit dem Becken.
Fiete aber stoppte er. „Badekappe?", fragte er.
„Nein, sorry. Ich heiße Fiete", scherzte Fiete.
„Sehr witzig", sagte Sascha mit eisiger Miene. „Mitkommen!"
„Ich auch", meldete sich Yao.
Sie gingen ein paar Schritte zu einem kleinen Büro am Rand des Beckens. Sascha zeigte auf eine Kiste, in der wohl vergessene Kleidung gesammelt und aufbewahrt wurde. „Sucht euch eine raus."
Yao versuchte zuerst eine blaue Kappe. Die war zu groß. Eine grüne war noch größer. „Passt wohl nur diese", sagte er und betrachtete sich

mit einer rot-weißen Badekappe in einem Spiegel.

Fiete blieb nur eine violette mit eigenartigen Fransen und Zotteln, die wohl Blümchen darstellen sollten. „Woher kommt die denn? Die sieht ja aus wie von meiner Uroma!“, meckerte er. Aber was sollte er machen? Alle anderen Badekappen passten ihm nicht.

„Na, dann mal los“, sagte Sascha.

Die Jungs stürmten zu den anderen im Becken. Yao fand, er sah wirklich komisch aus, aber immerhin deutlich besser als Fiete. Auch alle anderen schienen gerade einem Comic entstiegen zu sein. Im Becken sah es aus, als würde ein Dutzend kleiner bunter Bojen eine Party feiern.

Ali kletterte aus dem Wasser, stellte sich sprungbereit an den Rand und brüllte: „Das macht mir keiner nach!“

Er sprang, winkelte die Beine wie in Sitzposition an und landete mit dem Hintern voran im Wasser. Dicke Wasserfontänen schossen auf. Haruki und Said sprangen mit weit ausgestreckten Armen und Beinen hinterher.
„Im Splashdiving schlägt mich keiner!", rief Ali und machte sich für den nächsten Sprung bereit.
„Splashwas?", fragte Yao, der wie Yusuf noch trocken am Beckenrand stand.
„Splashdiving heißt: platschendes Eintauchen. Ich finde, Arschbombe passt viel besser", sagte Yusuf und grinste. „Entscheidend ist beim Landen im Wasser, möglichst hohe Fontänen zu fabrizieren."
Auch die anderen zeigten ihre besten „Splashdiving"-Figuren.
Jede einzelne wurde mit Jubelrufen und Beifall gewürdigt.
Said sprang einen halben Salto, Adal mit den Füßen voraus und hielt sich die Nase zu.
„Hast du das gesehen, Digga?", rief Adal und

schwamm zum Beckenrand. Max krabbelte wie ein Käfer mit allen vieren eine unsichtbare Wand hinauf, während er ins Wasser stürzte.
Wieder Jubel.
Doch als Max sich am Beckenrand aus dem Wasser hochzog, rutschten ihm gleichzeitig seine nassen Badeshorts runter, sodass plötzlich sein blanker Hintern zu sehen war.
Als wäre das nicht schon peinlich genug, war er auch noch der Einzige, der es nicht bemerkte.
Der Jubel wechselte in lautes Gelächter.
Max sah sich Rat suchend um.
Einige zeigten grölend auf seinen weißen Po, der wie ein Mond über dem Pool aufgegangen war.
Jetzt erst begriff Max, was passiert war und worüber all seine Kumpels sich gerade scheckig lachten. Hastig griff er nach dem Hosenbund, um die Badeshorts so schnell wie möglich hochzuziehen. Doch zuerst flutschte ihm die nasse Hose aus der Hand, dann glitschte seine Stützhand auf dem Beckenrand weg.

Mit den Badeshorts in den Kniekehlen rutschte Max zurück und fiel rücklings ins Becken. Prustend kam sein Kopf über dem Wasser wieder zum Vorschein. Weil er versuchte, gleichzeitig zum Beckenrand zu schwimmen und sich dabei die Hose hochzuziehen, zappelte er im Wasser wild herum wie ein aufgezogenes Kinderspielzeug.
Haruki stand am Beckenrand und reichte Max

beide Hände, um ihn herauszuziehen. Max nahm diese Hilfe dankend an, ohne daran zu denken, dass er ja nun keine Hand mehr frei hatte, um seine Hose festzuhalten.

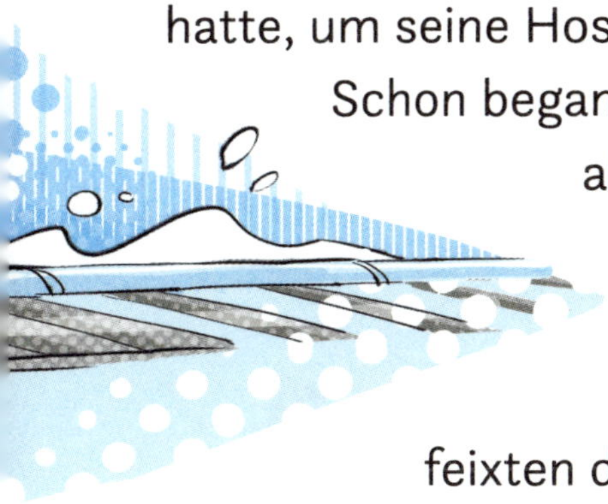

Schon begann sie wieder zu rutschen, als Haruki ihn schon halb aus dem Wasser gezogen hatte.

Noch immer grölten und feixten die Jungs, während Max hektisch versuchte, sich aus Harukis Griff zu lösen, um seine Hose halten zu können. Um ein Haar wären beide zusammen wieder zurück ins Wasser gefallen.

Doch im letzten Moment fing Max sich, krabbelte auf den Beckenrand und riss panisch seine Hose hoch.

Yao stand noch immer am Beckenrand neben Yusuf. Beide hatten Max Schauspiel amüsiert mitangeschaut. Aber nun war es beendet. Yusuf suchte nach einem neuen Vergnügen, indem er Yao einen kräftigen Stoß gab, der daraufhin im weiten Bogen ins Wasser segelte und untertauchte.

Was Yusuf nicht wissen konnte: Yao war alles andere als ein guter Schwimmer. Er besaß noch nicht einmal seinen Freischwimmer!

Eine blöde Verletzung

Um Yaos Kopf unter Wasser sprudelte es nur so. Er sah nichts und begann, panisch mit Armen und Beinen wild um sich zu zappeln. Doch dann gelang es ihm, sich ein wenig zu beruhigen und langsam aufzutauchen.
Er versuchte, so schnell wie möglich in den Bereich zu schwimmen, in dem man stehen konnte. Aber um ihn herum herrschte das reinste Chaos.
Die Jungs tobten, planschten, brüllten, spritzten sich mit Händen und Füßen nass. Ali und Lars hatten sich vom Ausrüstungsgitterwagen ein paar Schwimmnudeln geschnappt, mit

denen sie jetzt ritterhafte Schwertkämpfe im Wasser ausriefen. Noch schlimmer als neulich die Kissenschlacht im Zimmer war in Sekundenschnelle eine wilde Wasserschlacht mit Schwimmnudeln in vollem Gange.
Yao wusste nicht, wie er durch dieses Chaos hindurchschwimmen sollte. Er kam kaum vorwärts. Gerade als er überlegte, abzudrehen und seitlich zum Beckenrand zu schwimmen, wurde er plötzlich an der Schulter nach unten gedrückt. Es folgte eine Hand auf seinem Kopf. Yao schnappte schnell nach Luft. Aber er schloss seinen Mund nicht schnell genug.
Sein Kopf wurde unter Wasser gedrückt. Yao schluckte Wasser. Zappelte. Begann, wild um sich zu schlagen. Aber um ihn herum nur eine weiße Strudelwand, dazwischen Beine und Arme, die ihn immer wieder trafen: am Bauch, in die Seite, gegen die Schulter, einmal sogar am Kopf.
Yao taumelte, hatte die Orientierung verloren. Wo war oben? Wo war unten? Wie kam er

wieder an die Oberfläche? Er brauchte Luft, musste atmen. Stattdessen hatte er das Gefühl, zu viel Wasser geschluckt zu haben. Er spürte einen Drang zum Husten. Aber das ging nicht unter Wasser. Instinktiv atmete Yao aus, um so das Wasser in Mund und Kehle loszuwerden. Aber damit fehlte ihm noch mehr Atemluft. Beine, Arme überall! Yao krallte sich an etwas und zog sich daran nach oben.

Dann endlich! Sein Kopf war draußen.

Yao prustete, röchelte, hustete und – atmete! Tief! Mit hochrotem Kopf. Dann kam ein erneuter Hustenanfall.

Er hatte überhaupt nicht mitbekommen, dass es Alis Shorts gewesen waren, an denen er sich hochgezogen hatte.

„Hey!", schimpfte Ali. „DAS MACHST DU NICHT NOCH MAL, KAPIERT?"

Um seiner Drohung Gewicht zu verleihen, drückte er Yao gleich noch einmal unter Wasser.

„NEIN! Mmpfff!", machte Yao.

Dieses Mal kämpfte er sich sofort wieder hoch.

Doch irgendjemand zog ihn am Bein. Yao trat kräftig nach hinten und unten aus wie ein gereizter Gaul. Irgendetwas traf er. Und war wieder frei.

„AUA!", rief Yusuf und hielt sich seinen Brustkorb.

Wie ein Hund im Wasser paddelte Yao nun langsam zum Beckenrand. Er spürte, dass alle um ihn herum viel schneller und besser schwammen. Aber der rettende Beckenrand rückte näher.

Dort allerdings hatten sich Ali und Lars inzwischen postiert. Mit den Schwimmnudeln hielten sie die anderen Jungs vom Beckenrand fern.

Doch wie bei der Erstürmung einer Ritterburg gelang es irgendwann einem der Angreifer, die Beine der Verteidiger zu erwischen.

Yusuf und Haruki rissen Ali und Lars von den Beinen. Nun stürmten alle aus dem Wasser, um sich gemeinsam über die beiden herzumachen.

Das war Yaos Chance. Jetzt möglichst schnell

HEY!
Das machst du nicht noch mal!

und unbemerkt aus dem Becken klettern und ab zum Kabinenbereich!
Er stemmte sich am Beckenrand hoch und lief los. Doch kurz vor der Ausgangstür rutschte sein linker Fuß wie auf Glatteis weg. Sein Schritt wurde immer länger und sein Standfuß knickte um.
Yao spürte einen kurzen, stechenden Schmerz im Fuß, kippte weg und klatschte auf die Seite.

Au! Das tat weh!

Yao stöhnte kurz. Dann wollte er gleich wieder aufstehen.

Aber es ging nicht.

Tausend Nadelspitzen schienen sich in seinen Knöchel zu bohren.

„Ahhhh!“, schrie Yao auf. Und blieb liegen.

Er seufzte erst, dann stöhnte er und schließlich schimpfte er: „So ein Mist!“

Plötzlich stand Ali neben ihm und holte mit einer Schwimmnudel aus.

„Stoooopp!“, brüllte Yao mit erhobener Hand aus voller Kehle.

Die Schaumstoffstange aber donnerte auf Yaos Kopf.
Ali kicherte und holte ein weiteres Mal aus.
Doch Lars zog ihn zurück. „HALT! Merkst du denn nicht, dass Yao ein Problem hat?!“, schrie er und stellte sich schützend vor Yao. Dann rief er laut: „Sagt Sascha Bescheid. Yao ist verletzt!“
Die Schwimmnudel-Wasserschlacht endete abrupt.
Ali ließ die Schaumstoffschlange fallen und rannte zum Glaskasten des Bademeisters. „Wo steckt der überhaupt? SASCHAAAA!“
Die anderen Jungs hatten mittlerweile einen Kreis um Yao gebildet.
Von irgendwo kam nun endlich Sascha herbeigelaufen.
Yao brannten die Augen vom Chlor und von den Tränen. Sein Knöchel schmerzte fürchterlich und schwoll mittlerweile an.
Schon nach einem Blick auf seinen Fuß entschied Sascha: „Das muss sich unser Sportarzt anschauen. Los, Ali! Hilf mir, Yao ins

Das muss sich der Sportarzt anschauen. Los, Ali! Hilf mir, Yao ins Büro zu tragen. Ich rufe den Notarzt.
Notarzt?
Angeknackst? GEBROCHEN???
Da müssen wir eine Röntgenaufnahme machen. Sicherheitshalber. Vielleicht ist doch etwas angeknackst.

Büro zu tragen. Da haben wir eine Liege. Ich rufe den Notarzt."

„Notarzt?", jammerte Yao.

„Ja!", antwortete Sascha. „Was sonst? Am Wochenende hat auch unser Sportarzt keinen regulären Dienst."

Es ging schnell, bis ein Arzt und zwei Sanitäter bei Yao im Schwimmbad auftauchten. Der Notarzt untersuchte den Knöchel nur kurz und entschied dann, dass eine Röntgenaufnahme gemacht werden musste. „Sicherheitshalber. Ich glaube es zwar nicht, aber vielleicht ist doch etwas angeknackst."

„Angeknackst? Gebrochen?", schrie Yao entsetzt auf. Dabei bewegte er seinen Fuß versehentlich und prompt stachen ihn wieder die tausend Nadeln. „Au!"

„Das bekommen wir auf jeden Fall wieder hin. Warten wir erst mal die Bilder ab", versuchte der Notarzt zu beruhigen. „Dann sehen wir, was zu tun ist."

Vor Yaos Augen spielten sich schlimme Szenen

ab. Er mit dickem Verband, Gipsbein oder mit einer Beinschiene und vor allem: an Krücken!
Er hatte schon immer mal in einem Unfallwagen mitfahren wollen. Aber doch nicht als Patient!
Er hatte sich das Abenteuer immer als Beifahrer vorgestellt, wobei er das Blaulicht anschalten durfte und sie dann über rote Ampeln düsten!
Gut, immerhin hatte der Fahrer tatsächlich das Blaulicht angeschaltet. Aber ansonsten bekam Yao von der Fahrt nicht viel mit. Einer der Sanitäter saß angeschnallt neben seiner Liege.
Immer, wenn sich ihre Blicke trafen, versuchte er zu lächeln.
„Sollen wir deine Eltern informieren?“, fragte der Sanitäter.
Yao zuckte zusammen. Seine Eltern? Um Himmels willen, nein! Die würden ja sofort Panik bekommen!
„Erst einmal abwarten, was mit meinem Bein ist“, murmelte er.
Der Sanitäter nickte.
Yao war ein bisschen stolz, dass er so tapfer

war. Obwohl es trotzdem ziemlich doof war, ganz allein ins Krankenhaus gefahren zu werden.

Doch als er ankam und sich die Tür des Rettungswagens öffnete, schaute schon Herr Haberland hinein.

„Sie?“, wunderte sich Yao.

Herr Haberland hatte ihn in seiner Funktion als Scout in die Academy gelotst und seine Eltern überzeugt, dass er dort gut aufgehoben war. Seither hatte Yao ihn nur selten gesehen; meistens schritt der Scout eilig über das Gelände. Stand es so schlecht um ihn, dass er jetzt sogar nur wegen Yao hierhergekommen war?

„Hallo, Yao“, grüßte Herr Haberland freundlich.

„Was machst du denn für Sachen? Ich warte auf dich. Egal, wie lang es dauert. Okay?"
Yao nickte. „Ja, okay. Vielen Dank, Herr Haberland."
Yao wurde auf der Krankenliege in die Röntgenabteilung geschoben.
Eine Assistentin half ihm dabei, den Fuß in verschiedenen Positionen auf eine Platte zu legen. Wieder gab es tausend Stiche bei jeder Bewegung.
„Gut gemacht", lobte die Krankenschwester schließlich und fuhr Yao auf der rollenden Liege in ein Arztzimmer. Dort nahmen ihn Sascha und Herr Haberland gemeinsam in Empfang. Dann mussten sie noch zwanzig elend lange Minuten warten, bis endlich ein Arzt auftauchte.
„Hallo, junger Mann", grüßte der Arzt, der jünger aussah als Herr Haberland. „Ich habe eine gute und eine nicht so gute Nachricht. Welche möchtest du zuerst hören?"
„Nur die gute", antwortete Yao.
Der Arzt, Herr Haberland und Sascha

schmunzelten. Dabei hatte Yao das durchaus ernst gemeint.
„Gut, zuerst die schlechte“, entschied der Arzt entgegen Yaos Wunsch. „Du hast eine Bänderdehnung. Keine Knöchelfraktur.“
„Fraktur?“, fragte Yao.
„Nicht gebrochen“, übersetzte der Arzt.
„Das ist dann ja doch die gute Nachricht“, sagte Yao.
„Nein“, widersprach der Arzt. „Die gute kommt jetzt: Du brauchst nur zwei Tage Ruhe im Bett und kannst vermutlich schon nach einer Woche wieder trainieren.“
„Eine Woche Pause?“, quiekte er entsetzt auf und sackte in sich zusammen. Eine Woche kein Training?
„Das soll eine gute Nachricht sein?!“
Der Arzt lächelte. „Bei einer Fraktur hätten wir eher von ein bis zwei Monaten Pause gesprochen. Also freu dich!“
Yao verzog das Gesicht. Er konnte sich nicht vorstellen, sich über eine Woche

Verletzungspause vom Sport auch noch zu freuen! Wie sollte das gehen?

„Du bekommst eine Bandage. Das Tape wird dir gut helfen“, sagte der Arzt und wandte sich an Herrn Haberland. „Haben Sie einen Sportarzt in der Fußball Academy?“
„Ja“, antwortete Herr Haberland. „Der hat aber nur zwei Mal die Woche Sprechstunde bei uns.“
Der Klinikarzt nickte. „Das genügt. Zur nächsten Sprechstunde gehst du schon mal zur Nachkontrolle, Yao.“
„Okay“, sagte Yao. Und fügte dann schüchtern an: „Muss ich denn jetzt erst mal hierbleiben?“
Der Arzt sah Yao an und schüttelte den Kopf. „Keine Sorge. Das ist nicht nötig. Dein Tape gibt dir Halt. Und die hier!“ Er griff hinter seinen

Schreibtisch und überreichte Yao ein Paar Krücken.

Auch das noch! Mist!, fluchte Yao innerlich. Krücken!

Heimweh

Zurück im Zimmer bot Fiete Yao sofort sein Bett an.
„Ich habe sogar schon unsere Bettwäsche ausgetauscht“, verkündete er und starrte auf Yaos rechten Fuß. „Mit dem Ding kannst du schlecht ständig hoch- und runterstapfen.“
„Danke, sehr nett“, sagte Yao und stellte seine Krücken zur Seite. Dann ließ er sich vorsichtig auf dem Bett nieder, streckte sein rechtes Bein aus und legte ein Kissen unter seinen Fuß.
Schon hielt ihm Fiete sein Display entgegen.
„Meine Eltern glauben, das hilft gegen Heimweh. Schau mal: Mein kleiner Bruder

hat sich mein Fußballtrikot angezogen und schießt immer einen Luftballon gegen den Kleiderschrank!“

Yao war das nicht neu. Er hatte schon etliche Bilder von Fietes jüngerem Bruder gesehen. Vom ersten Tag an in der Academy erhielt Fiete ständig neue Fotos von zu Hause. In einer Tour piepte sein Smartphone, um den Empfang weiterer Bilder zu vermelden: Fietes Familie beim Essen; Fietes Familie beim Spaziergang im Wald; Fietes Familie beim Mensch-ärgere-dich-nicht-Spielen und so weiter.

Max hatte einmal gelästert, ob Fiete auch schon ein Foto von seinem kleinen Bruder auf dem Klo bekommen hätte.

Fiete hatte den Witz gar nicht verstanden, sondern wie selbstverständlich ein Foto herausgesucht und gezeigt, auf dem sein kleiner Bruder tatsächlich auf dem Pott saß.

Max hatte sich vor Lachen auf die Schenkel geschlagen und Fiete hatte überhaupt nicht gewusst, weshalb Max sich so kaputtlachte.
Yao fand es eigentlich ganz gut, dass Fiete ständig Bilder von daheim bekam. Gut, es müssten vielleicht nicht ganz so viele sein. Und nicht jede Kleinigkeit musste gleich fotografiert und gesendet werden, die die Familie so unternahm. Aber Yao hatte in der gesamten ersten Woche noch überhaupt kein Foto bekommen. Okay, er musste zugeben: Genau so hatte er es mit seinen Eltern besprochen. Gemeinsam hatten sie befürchtet, dass Yao durch solche Fotos vielleicht nur Heimweh bekommen würde. Deshalb sollte er sich in der Academy erst einmal eingewöhnen und dann könnte man vielleicht nach ein paar Tagen oder nach einer Woche damit beginnen, sich öfter Nachrichten oder Fotos zu schicken.
Yao hatte es eigentlich gut gefunden, so zu verfahren. Obwohl er gar nicht so recht wusste, was Heimweh eigentlich war. Er hatte noch nie

welches gehabt, weil er auch noch nie so lange von seiner Familie getrennt gewesen war. In der ersten Woche war genug passiert, dass er gar nicht dazu gekommen war, an sein Zuhause zu denken. Außer für eine kurze Textnachricht, dass alles in Ordnung war, hatte er auch keine Zeit gefunden, seinen Eltern, seiner kleinen Schwester Isabell oder seinem besten Freund Leon zu schreiben.

Aber nun war die abgemachte Zeit rum. Seine Eltern warteten bestimmt sehnsüchtig darauf, etwas von ihm zu hören. Und nun würde die erste Information, die er nach Hause sandte, die sein, dass er verletzt im Bett lag!

Als er seinen bandagierten Fuß betrachtete und überlegte, wie er die schlechten Nachrichten seinen Eltern schonend überbringen sollte, und Fiete ihm wieder Familienfotos hinhielt, beschlich ihn mit einem Mal ein seltsames Gefühl, das er bisher nicht gekannt hatte.

„Wie fühlt sich Heimweh eigentlich an?", fragte er Fiete nachdenklich.

Fiete steckte sein Smartphone wieder ein und zuckte mit den Schultern. „Keine Ahnung. Vielleicht wie Bauchweh? Ich glaube, ich hatte es noch nicht. Hast du welches?“

Nun zuckte Yao mit den Achseln. „Weiß ich nicht.“

Er machte eine kleine Pause, dann sagte er: „Im Moment frage ich mich, wie ich meinen Eltern die Verletzung beibringen soll.“

„Du hast es ihnen noch nicht gesagt?“, fragte Fiete verständnislos.

„Wann denn?“, fragte Yao zurück.
„Untersuchung, Röntgenaufnahmen, wieder Untersuchung, Verband.“
„Ich hätte meinen Eltern von jeder Untersuchung sofort Fotos geschickt“, beteuerte Fiete.
„Aha“, kommentierte Yao kurz angebunden.
Das war ihm jetzt keine große Hilfe. Aber dann hatte er eine Idee: In der ersten Woche hatte er wie die meisten anderen eine ganze Menge Fotos gemacht. Die würde er jetzt erst mal an die Eltern schicken. Die böse Nachricht von seiner Verletzung konnte er bestimmt irgendwie dazwischenmogeln.
Doch gerade, als er dabei war, einige Bilder herauszusuchen, die er schicken wollte, klingelte sein Handy.
Yao sah sofort, dass es ein Anruf von zu Hause war.
Er nahm an und meldete sich mit „Ja?“ und „Mama!“.
Erst jetzt, da er ihre Stimme hörte, spürte er,

wie sehr er sie vermisst hatte. Sofort schoss ihm wieder die Frage durch den Kopf, wie er seinen Eltern beibringen sollte, dass ...
Aber er kam gar nicht zu Wort.
„YAO! Du hast dich verletzt?“ Die Stimme seiner Mutter klang sehr aufgeregt. „Und meldest dich nicht?“
„Ich ...“ Yao suchte noch nach den richtigen Worten, als ihn seine Mutter schon, ohne seine Antwort abzuwarten, mit ihren Fragen überschüttete.
„Du warst in der Klinik? Und rufst nicht an? Mit Röntgen und allem Drum und Dran? Du meine Güte. Ich bin aus allen Wolken gefallen, als eben der Arzt angerufen und uns informiert hat.“

„Der Arzt hat …?“ Yao starrte Fiete an, als stünde an dessen Stelle seine Mutter vor ihm. Gewöhnlich konnte er es überhaupt nicht leiden, wenn seine Mutter ihm ins Wort fiel. Aber in diesem besonderen Fall war es in Ordnung. So musste er wenigstens nicht krampfhaft um die passenden Worte ringen.
„Natürlich hat er das. Was denkst du denn?“, sagte seine Mutter. „Papa ist schon auf dem Weg zu mir. Und dann fahren wir gleich los und kommen.“
„Was?“, fragte Yao entsetzt. „Nein! Wieso?“
„Na, hör mal!“, sagte seine Mutter. Selten hatte sie so empört geklungen wie in diesem Moment. „Du bist sehr verletzt. Gehst an Krücken! Da lassen wir dich nicht allein. Du kommst nach Hause und kurierst dich erst einmal gründlich aus.“
„WAS? NEIN!“, rief Yao und drehte sich im Bett sitzend Hilfe suchend um. „Auf keinen Fall!“
„Nein? Was meinst du denn mit Nein?“, fragte seine Mutter. „Wer kümmert sich denn um

dich? Wer bringt dir Essen ans Bett? Kannst du überhaupt schlafen mit den Schmerzen?“

„Mama! Alle kümmern sich! Ich …“

„Es hat geklingelt. Das ist Papa“, sagte seine Mutter. „Ich muss Schluss machen. Wir fahren gleich los. In zwei Stunden sind wir da!“

Klick. Verbindung beendet.

„Verdammt!“, ärgerte sich Yao und ließ sich in sein Kissen zurückfallen.

„Was ist los?“, fragte Fiete besorgt.

„Meine Eltern sind auf dem Weg hierher“, erklärte Yao.

Fietes Miene hellte sich auf. „Das ist doch super!“

Yao verzog das Gesicht. Er wusste nicht recht. Irgendwie war es ihm unangenehm, dass er schon nach einer Woche Besuch von seinen Eltern bekam. Sooo ein kleines Kind war er ja nun auch nicht mehr. Und das vor all den anderen Jungs!

Als er so an seine Familie und sein Zuhause dachte, fiel ihm auch wieder sein bester Freund

Leon ein – und der USB-Stick, der noch immer unter seinem Kopfkissen lag. Als Yao ihn von dort vorholen wollte, fiel es ihm schlagartig ein: Hier konnte der Stick nicht sein! Fiete war ihm zuliebe ins obere Bett gewechselt, damit Yao unten liegen konnte. Zuvor hatte er ihre Bettwäsche getauscht. Fiete hatte den Stick nicht erwähnt, also war er ihm nicht aufgefallen. Aber wo war der Stick jetzt?

„Mist!“ Yao sah sich um, gefangen im Bett.

„Was ist los?“, fragte Fiete.

„Mein USB-Stick! Der lag oben unter meinem Kissen! Wo ist der denn jetzt?“

„Ich hab ihn nicht gesehen“, versicherte Fiete sofort. „Er kann aber nicht weit sein.“

Sogleich scannte er den Boden rund um das Bett herum, wie er es schon einmal nach der großen Kissenschlacht getan hatte. Da hatten sie zusammen mit Haruki sogar das ganze Zimmer abgesucht, bis Max dazugekommen war und ihnen mitgeteilt hatte, dass er ihn in seiner Hosentasche sicher aufbewahrt hatte.

Fiete lag jetzt bäuchlings auf dem Boden und wischte mit der Hand unter dem Bett herum. „Das Ding muss hier irgendwo sein."
„Aber wo?" Yao breitete die Arme aus und ließ sie sofort wieder fallen.
„Töröh!", tönte es unter dem Bett hervor. Fiete rappelte sich wieder auf und präsentierte den kleinen, mit Wollmäusen behafteten Datenstick wie eine seltene Trophäe.
Vor Freude hüpfte Yao direkt ein bisschen im Sitzen, was er aber mit schmerzverzerrtem Gesicht sofort wieder bleiben ließ.

Fiete überreichte ihm den Stick.
Yao betrachtete ihn nachdenklich in seiner Hand. Dann fragte er zaghaft: „Du? Fiete?“
Fiete war schon dabei, T-Shirt und lange Hose gegen sein Sportzeug zu tauschen, und wollte sich offenbar gleich auch die Fußballschuhe anziehen.
„Wollt ihr Fußball spielen?“, fragte Yao.
Fiete nickte. „Ja, ein kleines Fußballtennis. Drei gegen drei. Ich mit Max und Haruki gegen Zimmer 4. Schade, dass du nicht mitmachen kannst.“
Yao ließ die Mundwinkel hängen. „Ja, echt blöd. Fußballtennis finde ich super. Leider spielt man das viel zu selten.”
Fiete nickte.
„Kannst du mir einen Gefallen tun?“, fragte Yao.
„Jetzt?“ Fiete sah Yao verwundert an. „Die anderen warten. Was denn?“
Yao hielt den USB-Stick hoch. „Du weißt doch: Abschiedsgeschenk von meinem besten Freund. Seit einer Woche will ich wissen,

was drauf ist. Aber ich hab keinen Computer. Nirgends gibt es hier Computer. Ich wollte Frau Melzig fragen, ob …"
„Die ist doch am Wochenende gar nicht hier", unterbrach ihn Fiete.
Daran hatte Yao nicht gedacht. Aber natürlich hatte Fiete recht.
Yao seufzte und wollte den Stick gerade zurücklegen.
Fiete hatte seine Schuhe fertig geschnürt. Er sprang auf und riss Yao den Stick aus der Hand. „Aber ich weiß, wer einen Computer hat."
Yao zog die Augenbrauen hoch. „Echt? Wer denn?"
„Said!", antwortete Fiete.
„Said?", fragte Yao erstaunt. „Ist der nicht erst vor Kurzem aus Syrien geflohen? Wie kommt der denn an einen Computer?"
„Vor Kurzem?", wiederholte Fiete. „Said ist vor zwei Jahren nach Deutschland gekommen. Aber die meisten aus seiner Familie sind noch immer in Syrien. Sogar seine Mutter und zwei kleine

Geschwister. Die hat er seit zwei Jahren nicht gesehen. Nur über den Computer. Deshalb hat er einen Laptop."

Wow, dachte Yao. Seit zwei Jahren nicht gesehen. Und er machte sich Gedanken über Heimweh, weil er seit einer Woche von zu Hause fort war.

„Ich werde ihn fragen, ob er mit seinem Laptop zu dir rüberkommt", versprach Fiete. „Ich glaube, er ist in seinem Zimmer. Und du kannst eh ein bisschen Gesellschaft vertragen. Also, bis dann!"

Fiete winkte noch kurz. Dann verschwand er. Vom Flur her hörte Yao, wie er laut nach Said rief.

Schon kurz darauf öffnete sich Yaos Zimmertür und Said kam herein. Er trug seinen Laptop unterm Arm.

Yao erklärte ihm, wozu er den Computer brauchte.

Said schob den USB-Stick in den Laptop und Yao spürte, wie nervös er plötzlich wurde.

Seine Hände fühlten sich mit einem Mal schweißnass an, und sein Herz begann zu pochen vor lauter Aufregung. Was hatte ihm sein bester Freund zum Abschied mitgegeben?

„Was ist drauf?“, fragte er aufgeregt, als Said den Ordner öffnete, der den Inhalt des Sticks zeigte.

„Fotos“, antwortete Said. „Und ein Video. Was willst du zuerst sehen?“

Da musste Yao nicht überlegen. „Das Video!“

Said klickte das Video an.

Aus dem Computer ertönte plötzlich die Titelmusik des neuen *Minions*-Films, der erst vor Kurzem in den Kinos angelaufen war und den Yao noch nicht gesehen hatte. Im Bild erschien Leon im Minion-Kostüm. In Minion-Sprache redete er irgendetwas.

Yao und Said amüsierten
sich köstlich über
Leons Show.
Plötzlich wechselte
Leon in seine richtige
Sprache und sagte:

Hallo, Yao!
Jetzt, da du das Video siehst, bist du schon in der Academy.
Ich hoffe, dir geht es gut und du hast viel Spaß.
Aber ich vermisse dich.
Und ich hoffe, du kommst mich baaaaaaaaald besuchen.
Als kleinen Anreiz, dass du mich nicht vergisst und wirklich bald kommst, siehst du in den beigefügten Fotos unsere beiden Kinokarten, damit wir uns gemeinsam den neuen Minions*-Film anschauen. (Und natürlich noch ein paar Fotos, auf denen wir gemeinsam Fußball*

spielen. Ich glaube, die meisten kennst du noch nicht.)
Ich will den Film unbedingt sehen. Aber ich warte auf dich. Also komm bald!

Damit war das Video zu Ende.
Yao war zu Tränen gerührt. Und das war nicht so dahergesagt: Tatsächlich spürte er, wie feucht seine Augen geworden waren. Schnell wischte er sich eine Träne ab.
Said blickte ihn bewundernd an.
„Ein guter Freund!“, stellte er fest.
Yao nickte nur. Ihm steckte ein Kloß im Hals. Er musste sich erst einmal räuspern, ehe er das bestätigen konnte. „Ja, der beste Freund ever.“
Er schaute wieder auf sein verletztes Bein, dessen Fußgelenk mit einem dunkelblauen Kinesio-Band getapt war.
„Ich bin dann draußen. Bis später, okay?“, fragte Said.
Yao nickte und rückte seinen Fuß vorsichtig zurecht.

Er war sich sicher: Ohne diese Verletzung hätte er sich jetzt sofort auf den Weg gemacht, um mit dem nächsten Zug nach Hause zu fahren und mit Leon ins Kino zu gehen.
Jetzt wusste er, wie sich Heimweh anfühlte.

Besuch

Yao öffnete die Augen. Da klopfte doch jemand! Ohne eine Antwort abzuwarten, trat Herr Haberland ein. Hinter ihm folgten Yaos Eltern mit Isabell.
Wie konnte das sein? Said war gerade erst vor wenigen Minuten gegangen. War Yao etwa am helllichten Tag eingedöst und hatte fast zwei Stunden gepennt?
Isabell stürmte sofort auf ihren großen Bruder zu.
„Voooorsicht!“, rief Yao und hielt seine Schwester mit ausgestrecktem Arm auf Abstand.

Bei jeder Gelegenheit warf sich seine kleine Schwester auf ihn. Dann musste Yao irgendein großes Tier spielen: ein Pferd, einen Löwen, ein Kamel ... Vor seiner Abreise war er zuletzt ein Einhorn gewesen.

In Zeitlupentempo drückte ihm Isabell nun sanft einen Kuss auf die Wange, genauso sein Vater.

Dann kam seine Mutter auf ihn zu, setzte sich auf den Rand des Betts, umarmte Yao fest und drückte ihm ebenfalls einen Kuss auf die Wange. Gut, dass gerade niemand von den anderen Jungs im Zimmer war ...

„Wie geht es dir?“, fragte seine Mutter.

Und fast zeitgleich fragte sein Vater: „Wie ist das denn überhaupt passiert?“

„Ausgerutscht eben“, antwortete Yao und

erzählte so knapp wie möglich vom Toben im Schwimmbad. Er mochte selbst am liebsten gar nicht mehr an den Unfall denken.

„Echt blöd gelaufen“, bestätigte sein Vater. „Das tut mir so leid. Gerade jetzt, noch so am Anfang hier in der Academy.“

Yao wischte sich wieder eine Träne von der Wange.

Plötzlich breitete sich ein köstlicher Geruch im Zimmer aus.

Yao schnüffelte und grinste. „Das ist doch ...“

„Genau!“, unterbrach ihn seine Mutter. „Den wollte ich dir gerade schicken, da kam der Anruf vom Arzt ...“ Sie sah mitleidig auf Yaos Fuß.

In einem Picknickkorb mit Tellern, Servietten und Gabeln hatten sie seinen Lieblingskuchen mitgebracht: Bananen-Erdnuss-Kuchen mit Zimt und leckerer Schokolade.

„Hier hab ich noch was für dich!“ Seine Mutter übergab Yao ein weiches Paket. „Von Leon, der dich schön grüßen lässt.“

„Von Leon? Ich hab gerade ... Ach, egal!“

Aufgeregt riss Yao das Päckchen sofort auf. „Ein Trikot!", rief er, während er den Minion mit dem Mund voller Banane schon entdeckt hatte. Darüber stand: *Keep calm and eat a banana!* „Bleib ruhig und iss eine Banane", übersetzte Yao für Isabell, die neugierig das Bild auf dem Trikot betrachtete.
„Ich hab auch Minions zu Hause", behauptete Isabell.
Yao wusste, dass das nicht stimmte.
„Und ich mag auch Banane!"
Das wiederum stimmte.
„Super! Sagt ihm Danke! Und dass ich ihn vermisse. Und den Film", Yao biss gierig und grinsend in sein Kuchenstück, „schauen wir uns so bald wie möglich an. Versprochen!", sagte er mit dicken Wangen.

„Was für einen Film?“, fragte seine Mutter.
Yao winkte ab. „Er weiß schon.“
„Ich hab auch Film!“, behauptete Isabell. „Und auch vermisst.“
„Klar“, antwortete Yao.
Dann erzählte er von den tollen ersten Tagen, dem Training und den Kumpels.
„Und wie gehts in der Schule?“, fragte sein Vater dazwischen.
Yao berichtete schnell weiter vom Trainerteam, von den Trainerassistenten, den Physiotherapeuten und von Frau Melzig im Sekretariat.
„Wie läufts im Unterricht? Sag doch mal!“, hakte sein Vater nach.
„Ja, alles gut“, überging Yao schnell die Frage.
„Ich komm auch bald in die Schule!“, rief Isabell und hüpfte im Raum hin und her. „Schuuuule ist toll! Schuuuule ist toll!“
Alle lächelten. Isabell war erst vier. Trotzdem behauptete sie seit einem Jahr, dass sie bald in die Schule kommen würde.

„Hast du schon den Schulranzen?“, fragte Yao schnell.
Wie erwartet beschrieb Isabell nun alle Einzelheiten ihres Schulranzens, jedes Fach und jede Tasche. „Und obendrauf ist ein Einhorn, stimmts, Papa?!“ Yaos Vater schüttelte zwar den Kopf, aber Isabell plapperte einfach weiter von ihrem bevorstehenden Schulanfang.
Dem Thema Unterricht konnte Yao dadurch bis zum Schluss ausweichen. Entsprechend erleichtert ließ er sich auf sein Kissen sinken, nachdem ihm alle noch einmal einen Kuss gegeben hatten.
„Du kommst jetzt am besten doch für ein paar Tage mit nach Hause“, fing seine Mutter plötzlich wieder an.
„Jaaa!“, rief Isabell.
„Nein! Nein!“, wehrte Yao ab und versicherte: „Hier kümmern sich alle gut um mich. Wirklich!“
Seine Mutter sah sich um. „Na, im Moment bist du ziemlich allein im Zimmer.“

„Ja, die anderen kicken draußen“, antwortete Yao. „Aber siehst du? Said hat mir sogar seinen Laptop geliehen, damit ich den USB-Stick von Leon ansehen kann. Ich hab doch die Jungs alle gerade erst kennengelernt!“
Sein Vater nickte. „Das kann ich verstehen, dass du die neuen Kontakte jetzt nicht gleich wieder abbrechen willst.“
„Ja! Genau!“, bestätigte Yao.
Seine Mutter sah unsicher zwischen Yao und seinem Vater hin und her.
Yaos Vater nickte erneut, dieses Mal seiner Frau zu. „Hier wird wirklich gut für ihn gesorgt.“
Yaos Mutter stieß einen tiefen Seufzer aus. Nachdem Yao noch mal und noch mal, wieder und wieder beteuert hatte, dass es ihm an nichts fehlte, willigte auch sie ein. „Na schön! Wenn ihr meint.“
Seine Eltern und seine Schwester blieben eine weitere Stunde, bis sie sich endgültig verabschiedeten.
Yao vermisste sie schon beim Abschied.

Dennoch wusste er: Es war richtig und gut, hier in der Academy zu bleiben. Und der Krankenbesuch von seiner Familie war eine tolle Abwechslung gewesen.

Eine Woche „krank“

Kurz nachdem Yaos Eltern mit Isabell wieder gefahren waren, kam Haruki ins Zimmer und überreichte Yao eine Tüte Kekse.

Yao las laut die Aufschrift: „Bayrische Spezialitätenmischung?“

„Von meiner Oma. Kannst du behalten. Ich mag sowieso am liebsten Bärendreck“, erläuterte Haruki.

„Hä? Was ist das denn?“, fragte Yao.

„Kennst du nicht?“, fragte Haruki zurück. „Das sind diese Schnecken und Stangen und so bunte Sachen.“

„Ach so. Lakritz! Sag das doch gleich.“

„Ja, Lakritz. Bei meiner Oma in München sagen sie Bärendreck dazu."
„In Dänemark gibt es das beste Lakritz!", behauptete Yao.
„Wirklich?", fragte Haruki interessiert.
„Ja! Salzig und scharf. Viel besser als das süße Zuckerzeugs", versicherte Yao.
Haruki leckte sich bei dem Gedanken daran die Lippen. „Gibt es das bei euch im Norden? Bei uns in Freiburg ist es gar nicht so beliebt. Und dänisches Lakritz hab ich bei uns noch nie gesehen."
„Ich besorg dir mal welches", versprach Yao. „Als Dank für die Kekse!"
Er öffnete die Tüte und sah hinein: „Mmmmmmh. Schokowaffeln. Meine Lieblingskekse!"
Doch damit war der Tag der Geschenke noch nicht beendet.
Haruki hatte das Zimmer wieder verlassen, da kam Yusuf herein, mit einem ganzen Stapel Comics in der Hand.

„Willst du?“, fragte er und legte den Stapel behutsam auf Yaos Bauch.
„Wow!“, sagte Yao beeindruckt. Und blätterte die Comics durch. Da war alles dabei, was er liebte: *Asterix*, *Lucky Luke*, *Superman*, *Batman*, *Tim und Struppi*, das *Marsupilami* ...
„Wo hast du die denn her?“, fragte er.
„Von zu Hause mitgebracht“, antwortete Yusuf. „Die meisten habe ich schon dreimal gelesen. Aber trotzdem super gegen Langeweile. Und für dich jetzt genau das Richtige. Oder?“
„Allerdings“, antwortete Yao. Er freute sich sehr über die Ausleihe.

Das musste man den Jungs lassen. Sie kümmerten sich wirklich grandios um ihn. Fast konnte Yao vergessen, was er in der Academy in dieser Woche alles versäumen würde und dass er einige Tage überhaupt nicht Fußball spielen durfte. Aber eben nur fast ...

Am nächsten Tag ging es gerade so weiter. Fiete, Haruki und Max verabschiedeten sich nach draußen, da stand auch schon Said in der Tür. Auf seinem Laptop sahen Yao und er gemeinsam einen Film an: eine Dokumentation über das Leben von Saids Lieblingsspieler Pelé. Yao musste erst mal nachdenken, wer dieser Pelé überhaupt war. Dann fiel es ihm ein: ein ehemaliger Nationalspieler Brasiliens.

„Der spielt doch schon hundert Jahre nicht mehr!“, sagte er.

„Er beendete seine Karriere am 1. Oktober 1977“, referierte Said.

„Sag ich doch.“ Yao fühlte sich bestätigt. „Das war vierunddreißig Jahre vor meiner Geburt.“

„Er gilt offiziell als der beste Spieler des Jahrhunderts!“, verteidigte Said sein Idol.

„Ja. Des letzten Jahrhunderts“, präzisierte Yao. „Mit sechzehn hat er sein erstes Länderspiel gemacht, ist dreimal Weltmeister geworden und hat insgesamt 1301 Tore in 1390 Spielen geschossen“, wusste Said zu berichten.
Okay, das war ein Argument, fand Yao. Er sah sich gemeinsam mit Said die Doku an. Und er musste zugeben: Das war nicht nur interessant mit vielen tollen Fußballszenen, sondern immer wieder fühlte sich Yao an seinen eigenen Traum erinnert, selbst eines Tages ein Fußballstar zu werden. Und Pelés Vater wäre um ein Haar auch Fußballprofi geworden. Doch in seinem ersten Profispiel hatte er sich eine derart schwere Knieverletzung zugezogen, dass er die Profikarriere sofort wieder hatte aufgeben müssen. Als Yao das in dem Doku-Film sah, schaute er auf sein lädiertes Bein. Da hatte er ja wohl hoffentlich noch mal Glück gehabt!
Pünktlich zum Abspann des Films platzte Max ins Zimmer herein. „Hey, Leute. Ich hab ein geniales Witzebuch in der Bibliothek gefunden!“

Er hielt das Buch in die Höhe wie eine Gelbe Karte.
Yao grinste.
Said verzog das Gesicht und packte seinen Laptop ein.
„Hier, hört mal“, kündigte Max an und las laut vor: *„Eines Tages kommt Kai Havertz auf Krücken zum Training.“*
„Auf Krücken?“, fragte Yao mit Blick auf seine eigenen Krücken.
„Ja, cool, oder? Passt doch!“, antwortete Max.
Und las weiter:
Der Trainer erschrocken: „Kai, was ist denn passiert?“
Havertz: „Ich bin gestern Nachmittag vom Baum gefallen.“
„Hoch?“
„Nein, runter!“
Max lachte laut los. „Ist das nicht der Brüller?“
Said zog wortlos die Augenbrauen hoch und verschwand nach draußen. Witze waren offenbar nicht sein Ding.

„Oder hier“, machte Max unbeirrt weiter:
„Ein Mann im Stadion redet die ganze Zeit mit sich selbst. Irgendwann hält es sein Sitznachbar nicht mehr aus und fragt: „Warum sagen Sie denn die ganze Zeit ‚60.000 Zuschauer, 22 Spieler, vier Schiedsrichter und zwei Trainer‘ vor sich hin?“
Der Mann antwortet genervt: „Es sind so viele Leute hier im Stadion und der Vogel kackt ausgerechnet mir auf den Kopf?!“
Diesmal prusteten beide laut los. Und das hörte auch so schnell nicht wieder auf. Ein mächtiger Lachkrampf hatte sie fest im Griff.

„Aufhören! Aufhören!“, rief Yao, während er sich den Bauch hielt und ihm Tränen in den Augen standen.
Endlich beruhigten sie sich ein wenig.
Max war knallrot angelaufen. Über seinen Riesentomatenkopf musste Yao schon wieder kichern und auch Max konnte das Lachen nicht unterdrücken.
Wieder kicherten und grölten sie, was das Zeug hielt.
Bis Yusuf ins Zimmer kam. „Na, wie findest du meine Comics?“
Das war für Max das Zeichen. „Oh! Ich muss jetzt zum Küchendienst“, entschuldigte er sich und stolperte, immer noch vor sich hin kichernd, hinaus.
Für Max war nun also Yusuf bei Yao.
Nach Yusuf setzte sich Tom vom VfB Stuttgart an Yaos Bett und fragte: „Ha so ebbes! Wie gehts?“
Ging das die ganze Zeit so weiter? Das war doch kein Zufall, überlegte Yao. Offenbar

wollten die Jungs verhindern, dass er allein war mit seiner derzeit größten Sehnsucht: der nach einem gesunden rechten Fuß. Sofort!
Am Training konnte Yao mit seiner Verletzung eine ganze Zeit lang nicht teilnehmen. Aber am Unterricht. Umgekehrt wäre es ihm erheblich lieber gewesen. Nach nur wenigen Tagen hatte er sich bereits eingestehen müssen, dass er sich den Unterricht an der Academy leichter vorgestellt hatte. Schon in seiner alten Schule hatte Yao zu den eher schwächeren Schülern gehört. Aber er hatte gehofft, hier in der Academy würde der Schwerpunkt eindeutig auf Fußball liegen, und wenn man in den Schulfächern nicht so gut war, würde das nicht viel ausmachen.
Doch da hatte er sich gehörig getäuscht.
Yao konnte dem Tempo nur schwer folgen. Er hatte das Gefühl, mit Ausnahme von Geografie hinkte er nach nur einer Woche in jedem Fach hinterher. Nicht, weil er die Aufgaben vergaß oder keine Lust hatte. Im Gegenteil. Da er einige

Tage keinen Sport treiben durfte, hatte er mehr Zeit als alle anderen, sich um die Schulaufgaben zu kümmern. Das Problem war: Er wusste einfach nicht, wie er sie lösen sollte.
Yao nahm sich vor, am Abend Fiete zu fragen, wie der mit dem Unterrichtsstoff klarkam.
Yao las gerade in seinen geliehenen Comics, da kam Max ins Zimmer. Mit einer viel zu großen Kochmütze auf dem Kopf balancierte er ein Tablett herein und stellte es vorsichtig auf Yaos Bett ab.
„Was soll das denn?“, fragte Yao. „Ich wollte gerade in die Mensa kommen.“
„Nix da, du Krücke“, widersprach Max. „Der Arzt hat gesagt, dein Bein braucht Ruhe.“
„Ja“, sagte Yao. „Das heißt: keinen Sport. Aber wenn ich ab morgen in den Unterricht humpeln kann, kann ich ja wohl auch zum Essen gehen.“
„Ja, ab morgen“, stellte Max klar. „Freu dich doch! Immerhin musst du keinen Dienst in der Küche schieben. Und sieh nur, was es heute Leckeres gibt.“

Der Pfannkuchen duftete mit dem Schokopudding um die Wette.
Yao trank erst mal einen großen Schluck Apfelschorle.
„Danke!“, sagte er dann, fügte aber hinzu: „Trotzdem, allein essen ist öde. Morgen komme ich auf jeden Fall mit in die Mensa.“
„Na schön“, sagte Max. „Lass es dir schmecken. Bis später!“

Und damit zog er wieder davon.
Das Essen schmeckte wirklich köstlich und Yao genoss es, wenngleich er den Trubel und die Gespräche mit den anderen in der Mensa vermisste.
Am Abend waren auch die anderen Jungs im

Zimmer. Nie erwischte Yao Fiete mal allein, um ihn nach der Schule zu fragen. Also verschob er das auf später. Vielleicht gab es morgen die Möglichkeit, mit seinem Freund zu sprechen – nach Yaos erstem Schultag auf Krücken.

Schule

Es war 6:45 Uhr – eine Viertelstunde bevor der Wecker klingelte –, da stand schon Herr Friedrich an Yaos Bett und weckte ihn mit einem leichten Rütteln an der Schulter.
„Hä? Wie? Was?“, fragte Yao schlaftrunken.
Als er den Trainer neben seinem Bett erkannte, schreckte er hoch.
„Hab ich verschlafen? Au!“ Die ruckartige Bewegung durchzuckte sein Bein.
„Entschuldigung, dass ich dich so früh wecke“, sagte Herr Friedrich leise, um die anderen Jungs nicht zu stören, die noch in ihren Betten vor sich hin schnarchten. Der Trainer hielt ihm eine

Mappe hin. „Dies ist dein Sonderplan für die kommende Woche. Die anderen bekommen ihre Pläne nachher in der Mensa. Wie geht es dir?"
„Äh. Gut. Äh. Na ja. Das heißt, ich weiß nicht. Mal sehen, wie ich heute auf Krücken gehe", antwortete Yao.
„Lass es auf jeden Fall langsam angehen", riet ihm der Trainer. „Und wenn irgendetwas ist, ruf Frau Melzig an. Sie weiß Bescheid, kümmert sich um dich und ist jederzeit für dich da. Okay?"
„Ja. Danke", sagte Yao und setzte sich langsam auf.
„Und komm bitte auf jeden Fall heute Nachmittag mit zum Trainingsplatz", raunte ihm Herr Friedrich zu, bevor er auf Zehenspitzen den Raum verließ.
„Oh gern!", antwortete Yao leise. Und dachte: *Hätte ich eh gemacht.* Er wollte keine Minute länger als nötig weiter im Zimmer versauern.
Nach dem Frühstück sahen Fiete, Haruki, Max und Yao im Zimmer ihre Mappen durch.

„Du hattest recht, Yao“, murmelte Fiete.
Am Vorabend hatte Yao es noch befürchtet: Die erste Woche war zum Eingewöhnen und Sich-Kennenlernen gewesen. Die zweite Woche würde bestimmt anders ablaufen.
Alle vier vertieften sich für eine Weile still in ihre Blätter. Gespenstisch still, fand Yao. Darum legte er seine Mappe beiseite und probierte die beste Technik aus, mit der er aus dem Bett in den Stand und an die Krücken kam.
„Wow! Bei mir ist jede Minute durchgeplant, bei euch auch?“, rief Max. „Das ist doch eigentlich super, oder?“

Fiete war sich da nicht so sicher. „Ja! Bei mir auch. Das ist der Wahnsinn." Er fügte in nachdenklichem Tonfall hinzu: „Ein bisschen mehr Freizeit würde ich schon gut finden."

Klack-klack. Haruki heftete fünf lose Blätter aus seiner Mappe zusammen.

„Ich finds super!", kommentierte er, während er die Mappe in eine Hülle schob und sie in seinen Spind legte. „Das ist hier eben eine besondere Schule."

„Ein Wunder, dass du deine Mappe nicht noch in Samt einschlägst wie wertvollen Schmuck", lästerte Max und schmiss seine eigene Mappe in eine Tasche zwischen Socken und Shirts.

Haruki fand das offenbar eine gute Idee. „Hast du Samt dabei?", fragte er allen Ernstes.

Max lachte laut los. „Klar. Ein Samtkissen sogar. Aber darauf ruht gerade meine Rolle Klopapier!"

Auch Yao und Fiete lachten mit. Haruki schüttelte verständnislos den Kopf.

„Ihr habt echt keine Ahnung,

Leute", sagte er und richtete seine Mappe im Spind ganz gerade aus. „Ich finde es echt bedeutend, auf dieser Academy zu sein. Und deshalb finde ich auch alles bedeutend, was ich von der Academy bekomme."

Darauf sagte niemand der anderen mehr etwas. Denn irgendwie empfanden sie ja ganz ähnlich wie Haruki.

Eine Stunde später saßen alle im Unterrichtsraum. Wie schon in der Woche zuvor wurden sie zu Beginn gemeinsam unterrichtet. Erst nach der zweiten Stunde wurden sie nach Alter und Vorkenntnissen in drei Gruppen aufgeteilt. Yao kam unter anderem mit den Jungs in eine Gruppe, mit denen er das Zimmer teilte. Sie durften im Raum bleiben, die anderen mussten ihn wechseln.

Der Lehrer, Herr Rossler, schob Yao einen Stuhl zu. „Da kannst du deinen Fuß hochlegen."

Yao nahm dankend an. Und hatte gleich eine Frage. Er zog ein Blatt mit einer merkwürdigen Tabelle aus seiner Mappe. Die Tabelle hatte drei

Spalten, die überschrieben waren mit *Training*, *Unterricht* und *Allgemein*. Darunter sollte man in freie Kästchen irgendwelche Zahlen eintragen.
„Können Sie uns bitte erklären, was das hier bedeutet?", fragte Yao.
„Na klar", antwortete Herr Rossler. „Für jeden Tag gibt es drei Tabellen, in denen ihr mit Ziffern von Null bis Zehn eintragt, wie ihr Training und Unterricht empfunden habt. Und Allgemein steht dafür, wie wohl oder unwohl ihr euch hier in der Academy fühlt. Beispiel Training: Null bedeutet, das Training ist euch schwergefallen und ihr seid sehr erschöpft. Zehn bedeutet, das Training war leicht und ihr fühlt euch danach gut."
„Frau Reinhardt macht doch ständig irgendwelche Notizen. Genügt das denn nicht?", fragte Yao.
„Nein, wir brauchen noch viel mehr Daten von euch", sagte Herr Rossler und grinste.
„Ach, das kann ich mir schon denken", meldete sich Fiete zu Wort. „Wenn ich eine Zehn beim

Training eintrage, wird es am nächsten Tag gleich schwerer, oder?“

Herr Rossler winkte ab. „Nein. Nein. Das Trainerteam nimmt einmal pro Woche eine Gesamtbewertung vor. Eure Eintragungen fließen da nur mit ein. Wir werten natürlich auch unsere Beobachtungen und unseren Gesamteindruck.“ Herr Rossler zwinkerte den Jungs kurz zu. „Und wir können erkennen, ob ihr selbst euch unter- oder überschätzt. Ein ehrlicher Eintrag, wie ihr euch fühlt, wäre also ratsam.“

Herr Rossler blickte in die Runde, ob es noch weitere Fragen gab. Das war nicht der Fall. Somit klatschte er einmal in die Hände und sagte: „Alles geklärt? Gut, dann geht es jetzt erst mal weiter mit ..."
„... Fußball!", rief Max dazwischen.
„... unseren Matheübungen", beendete Herr Rossler seinen Satz.
Die Jungs verzogen die Gesichter und holten ihre Mathehefte hervor.
„Fangen wir an mit Kurvenberechnungen", sagte Herr Rossler. „Max, kannst du mir sagen, mit welcher Formel man die Kurve einer Bananenflanke berechnet?"
Max starrte den Lehrer entsetzt an. „Was? Ich ... äh ... hä?"
Herr Rossler kicherte vor sich hin. „Das war ein Scherz, Max. Kannst dich wieder beruhigen. Kurvenberechnungen kommen erst in den höheren Jahrgängen. Nein, wir beschäftigen uns mit Größen und Einheiten und berechnen Geld, Länge, Maße und Zeit."

„Hä?“, machte Max wieder.
Doch Fiete rief: „Das ist super. Ich wollte schon immer mal wissen, wie groß ein Koffer sein muss, in den eine Million Euro reinpassen. Für mein erstes Profigehalt, wisst ihr?“
Alle lachten. Auch Herr Rossler.
„In der Tat könnte das eine Aufgabe in dieser Lerneinheit sein“, erklärte der Lehrer und zwinkerte. „Wobei wir bei deinem derzeitigen Trainingsstand schon jetzt wissen, dass dein erstes Profigehalt wohl in eine Streichholzchachtel passen würde.“
Alle Jungs grölten, und da Fiete wusste, dass das ein Scherz von Herrn Rossler gewesen war, stimmte er in das Lachen mit ein. So konnte der Unterricht weitergehen!

Reha

Am nächsten Tag begleitete Gunnar, der Physiotherapeut, Yao unmittelbar nach dem Unterricht zur Nachkontrolle beim Sportarzt.
„Na, wie gehts?", fragte Doktor Schädlich, der ihn statt in weißer Kleidung in Jeans und einem bunten Hemd empfing.
Yao musste sich auf eine Liege legen.
Dort machte der Arzt verschiedene Beweglichkeitstests mit Yaos Fuß.
„Autsch!", quiekte Yao kurz auf.
Gerade hatte sein Fuß wieder richtig wehgetan.
„Ah, gut. Das ist normal", sagte der Doktor.
Das fand Yao überhaupt nicht.

„Sieht alles recht gut aus“, behauptete der Arzt weiter.
„Ja?“, fragte Yao zaghaft. Wenn das „gut“ war, dann wollte er niemals einen „schlechten“ Fuß haben.
„Ja, Verstauchungen heilen nicht unbedingt schnell“, erklärte der Doktor. „Da muss man leider ein wenig Geduld haben.“
Genau die hatte Yao überhaupt nicht. Er wollte so schnell wie möglich wieder auf den Platz.
Doktor Schädlich wandte sich an Gunnar: „Sie können die Belastung jetzt sukzessive steigern.“
Dann gab er ein paar Ratschläge, was das fürs konkrete Training bedeutete. Aber als ausgebildeter Physiotherapeut wusste Gunnar das meiste davon ohnehin schon.
Yao hörte gar nicht richtig hin. Was bedeutete „suks“-irgendwas? Es folgten weitere Begriffe, die Yao noch nie gehört hatte. Ihn interessierte nur eines: „Wann kann ich wieder spielen?“
„Wie ich schon sagte“, antwortete der Arzt. „Sukzessive …“

Gunnar fiel Herrn Schädlich ins Wort und antwortete für ihn: „Du kannst morgen mit leichtem Bewegungstraining wieder anfangen."
„Yeah!", rief Yao. Und wollte von der Liege aufspringen. Doch als er mit dem Fuß auftrat, zuckte er erneut zusammen.
„Au!" Schnell zog er den Fuß wieder zurück.
„Sukzessiv bedeutet: allmählich steigern, nicht zu schnell zu viel machen", erklärte Gunnar. „Erst langsam gehen, ein paar leichte

Stabilitäts- und Kraftübungen. Dann leichtes Joggen und so weiter."

„Und dann Fallrückzieher", sagte Doktor Schädlich.

„Wirklich?", fragte Yao.

Doktor Schädlich schüttelte den Kopf.

„Nein", antwortete er lächelnd und reichte Yao die Krücken.

„WAS? Muss ich die etwa immer noch nehmen?", fragte Yao entsetzt.

„Hatte dein Knöchel nicht eben noch wehgetan beim Auftreten?", fragte der Arzt nun ernst.

„Ja", musste Yao zugeben.

„Eben", sagte Doktor Schädlich. „Training immer nur, bis es wehtut. Das ist die Grenze. Nicht die Zähne zusammenbeißen und trotz Schmerzen weitermachen. Sondern: Schmerz heißt Stopp!"

Der Arzt hielt Yao die Hand zum Abklatschen hin.

Yao gab ihm ein lasches High Five und drehte sich dann leicht enttäuscht weg.

„Tut schon gar nicht mehr weh", behauptete er

und trat vorsichtig mit dem Fuß auf.

„Das ist gut“, sagte der Arzt. „Denn wenn das stimmen würde, wäre ich ein Wunderheiler.“ Erneut reichte er Yao die Krücken.

„Bis übermorgen nimmst du sie noch. Okay?“

Erst jetzt wurde es Yao so richtig bewusst: Er befand sich in einer echten „Reha“, also in einem Rehabilitationsprogramm, das seinen verletzten Fuß langsam in die Normalität zurückbrachte.

Ab Mittwoch bearbeitete Gunnar Yaos Fuß dreimal am Tag: morgens, mittags und abends, nach einem Plan, den Yao nicht durchschaute. Gunnar drehte den Fuß hin und her, dann zog er wieder an ihm, streckte ihn, um ihn dann wieder zu drehen.

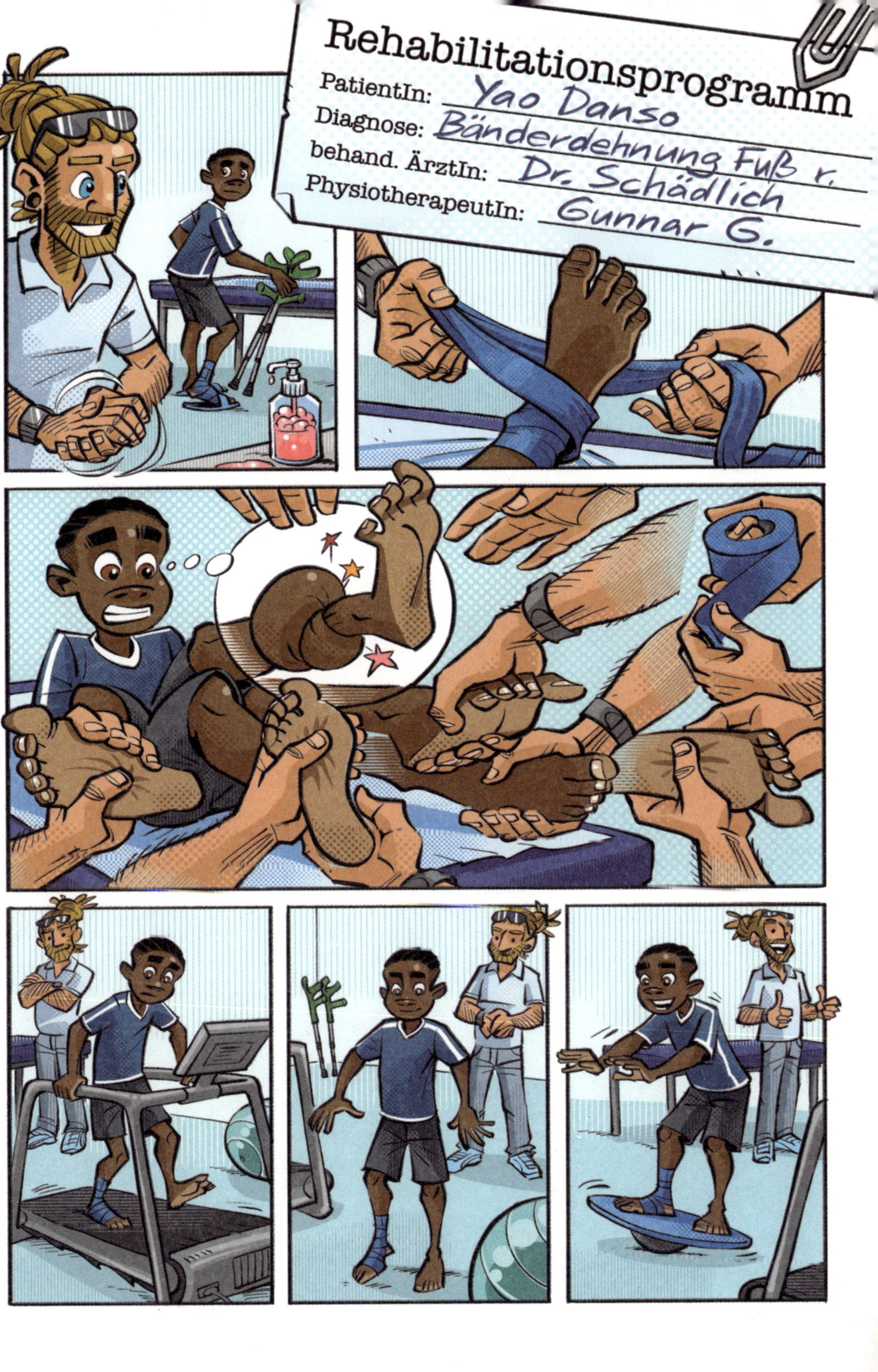
Rehabilitationsprogramm
PatientIn: Yao Danso
Diagnose: Bänderdehnung Fuß r.
behand. ÄrztIn: Dr. Schädlich
PhysiotherapeutIn: Gunnar G.

Du fehlst uns! Echt jetzt!
Bald bist du wieder dabei, ganz bestimmt.
Vielleicht kann ich morgen schon wieder richtig laufen ...

Auf einem Laufband machte Yao langsame Gehübungen.
Und schon am Mittwoch brauchte Yao die Krücken in seinem Zimmer nicht mehr, wohl aber noch für die längeren Wege draußen.
Am Donnerstag durfte Yao die Krücken komplett weglassen. Und Gunnar schickte ihn auf ein sogenanntes Balancebrett. Zuerst hatte Yao das Gefühl, von diesem Ding würde er auch mit zwei gesunden Füßen hinunterfallen. Doch je mehr er übte, desto mehr Halt fand er auf diesem merkwürdigen Gerät, das wackeliger war als eine kaputte Hängebrücke.
„So“, sagte Gunnar am Donnerstagnachmittag. „Jetzt darfst du auf dem Trainingsplatz barfuß hin und her gehen.“
„Barfuß?“, fragte Yao. „Wieso nicht in Fußballschuhen?“
„Weil wir deine Muskeln im Knöchel trainieren wollen und nicht die Schuhsohlen deiner Stiefel“, antwortete Gunnar.
Yao musste zugeben: Es fühlte sich toll an,

barfuß auf dem Rasen vom Trainingsplatz herumzulaufen. Und für einen Moment überlegte er, wie es wohl wäre, wenn man generell ohne Strümpfe und Schuhe Fußball spielen würde. So wie Beach Soccer: Fußball am Strand.

Wenige Meter entfernt trainierten die Jungs. Natürlich in Fußballschuhen. Gerade liefen sie mit und ohne Ball auf Zeit im Slalom zwischen Pappfiguren hindurch.

Haruki und Max kamen in der Trinkpause zu Yao und klopften ihm aufmunternd auf die Schultern.

„Bald bist du wieder dabei", sagte Haruki. „Ganz bestimmt."

„Du fehlst uns", ergänzte Max. „Echt jetzt!"

Von Weitem pfiff Fiete auf zwei Fingern, winkte erst Yao grüßend zu und dann Haruki und Max zu sich. Das Training ging weiter.

Yao schritt wieder an der Linie entlang.

Vielleicht kann ich ja morgen schon wieder ganz normal laufen, überlegte er.

Und das sagte er später auch seinen Eltern am Telefon, die jeden Abend anriefen und sich nach seinem Befinden erkundigten.
Am Freitag war es endlich so weit. Yao machte gemeinsam mit Gunnar seinen ersten Lauf.
„Laaangsam!“, mahnte Gunnar mehrfach.
„Das ist doch langweilig!“, meckerte Yao. Er fühlte sich gut. Sein Fuß tat nicht mehr weh. Und was hatte der Arzt gesagt: Die Grenze war der Schmerz. Er spürte aber keinen Schmerz.
„Weil du eine gute Salbe drauf hast und dein Fuß noch getapt ist.“ Gunnar blieb stur und bremste Yao beharrlich, sobald der versuchte, das Tempo anzuziehen.
Als sich Yao endlich damit abgefunden hatte, dass er nicht übers Schneckentempo hinauskam, sagte Gunnar: „Okay. Genug fürs Erste.“
„Was?“, empörte sich Yao. „Jetzt schon? Nein. Ich muss mehr trainieren. Ich will zurück auf den Platz.“
„Langsam!“, mahnte Gunnar erneut.

„Och menno! Immer langsam! Die Profis kriegen auf dem Platz auf die Socken. Dann wird einmal Eisspray drübergesprüht und schon gehts weiter."

„Willst du deine kindlichen Muskeln, Bänder und Sehnen jetzt ernsthaft mit denen von durchtrainierten Vollprofis vergleichen?", fragte Gunnar, den Yaos Jammern und Drängeln langsam anfing zu nerven.

„Nein. Schon gut", räumte Yao kleinmütig ein. „Okay." Gunnar nickte. „In zwei Stunden wiederholen wir die Laufübung."

„Super!“, freute sich Yao. Und ergänzte: „Oder schon in einer Stunde?“
Gunnar runzelte missbilligend die Stirn.
„Okay. In zwei Stunden“, sagte Yao schnell.
Am Samstag hatte Yao ein Sondertraining bei Frau Reinhardt. Obwohl es mit Übungen begann, die Yao gar nicht mochte, freute er sich über die Extraeinheit. Es fing mit Dehnübungen an, die einerseits total langweilig, andererseits aber trotzdem extrem anstrengend waren. Das war die blödeste Kombination, die es überhaupt für Trainingsübungen gab, fand Yao.
Es folgten ein paar Kraftübungen, ein leichtes Warmlaufen und dann durfte Yao endlich, endlich, endlich ein paar spezielle Dribbelübungen machen. Endlich, endlich, endlich spürte er wieder einen Ball am Fuß. Was für ein herrliches Glücksgefühl!
„So!“, sagte Frau Reinhardt. „Jetzt noch ein paar kleine Sprints. Morgen kannst du ein erstes Match vier gegen vier machen. Aber ohne Zweikämpfe, hörst du? Nur schnelle Pässe,

freilaufen, schnelle Pässe. Körperloses Spiel. Zwei Mal fünfzehn Minuten. Und dann sehen wir uns Montag wieder.“

„Yippie!“, rief Yao und reckte die Faust in die Luft.

Seine Kurz-Reha war so gut wie beendet.

Endlich wieder spielen!

Seit Yao als Kleinkind auf zwei Beinen hatte stehen können, lief er einem Ball hinterher. Sogar, als er noch so klein gewesen war, dass er selbst sich gar nicht mehr daran erinnern konnte. Aber seine Eltern und Großeltern hatten es ihm mehrfach bestätigt. Und natürlich gab es viele Fotos vom kleinen Yao beim Fußballspielen.

Fest stand: Noch nie hatte er so lange keinen Fußball gespielt; eine volle Woche, ohne einen Ball zu berühren.

Für Yao fühlten sich die sieben Tage an wie eine ganze Saison, mindestens jedenfalls wie ein Monat.
An diesem Sonntag wachte Yao deshalb sehr früh auf. Vor Aufregung war er schon schlecht eingeschlafen.
„ENDLICH!“, rief er so laut, dass die anderen Jungs im Zimmer aus dem Schlaf hochschreckten. „Heute gibt es ein Match!“
„Hä? Was?“, fragte Max und rieb sich verschlafen die Augen.
„Heute darf ich wieder Fußball spielen!“, brüllte Yao.
„Es ist sechs Uhr morgens, du Irrer!“, murmelte

Max und ließ sich zurück in sein Kissen sinken. „Und Sonntag!“
Er drehte sich wieder um. Und auch Haruki und Fiete murmelten irgendetwas Unverständliches und schliefen weiter.
Yao hingegen hielt nichts mehr im Bett. Er eilte ins Bad und stellte sich zum Zähneputzen nur auf sein verletztes Bein, um die Belastbarkeit zu prüfen. Alles bestens: keine Schmerzen.
Im Frühstücksraum war Yao der Einzige. Aber aus der Küche drang Geschirrklappern.
Yao steckte die Nase durch die Tür. „Guten Morgen!“
Herr Seltmann, der gerade Schüsseln und Schalen fürs Büfett bereitstellte, sah ihn verwundert an. „Was machst du denn schon hier?“
„Ich darf heute wieder kicken!“, rief Yao.
„Ich verstehe“, sagte Herr Seltmann und lächelte. „Die Küche öffnet trotzdem erst um halb acht. Warum machst du draußen nicht ein paar Gymnastikübungen?“

„Gymnastik?“, fragte Yao und verzog das Gesicht. Ebenso gut hätte der Küchenchef ihn fragen können, ob er ein Stück verschimmeltes Brot mochte.
„Ist doch besser, als im Bett liegen zu müssen, oder? Und deinem Fuß wird es guttun“, sagte Herr Seltmann achselzuckend.
Das stimmte natürlich.
„Okay!“, rief Yao ihm also zu.
Er rannte hinaus auf den Rasen und machte ein paar Gymnastikübungen. Aber wirklich nur ein paar. Das machte einfach keinen Spaß.
Anschließend entschloss Yao sich, als Belastungstest einmal um den Platz zu laufen. Das waren immerhin rund vierhundert Meter.
Um fünf Minuten nach sieben stand Yao wieder in der Mensa auf der Matte.
Herr Seltmann schüttelte lächelnd den Kopf und richtete alles in der gewohnten Reihenfolge an.
Yao hatte Glück. Ebenfalls viel zu früh kam Said in die Mensa.

„Hey, Said! Spielst du nachher mit mir?“, fragte Yao.
„Jetzt hab ich Küchendienst, aber nachher? Klar!“, antwortete Said, zögerte dann aber und fragte Herrn Seltmann: „Darf ich?“
Herr Seltmann sah auf eine Liste. „Kannst du. Nachher hilft mir Matteo.“
„Gibt es schon Essen?“, fragte Yao.
Herr Seltmann seufzte. „Na schön.“
Er reichte eine Platte mit Käse und Wurst rüber und dazu einen Korb mit Brot.
Yao griff freudig zu. „Auf einer 10-Punkte-Skala für meine Stimmung ist heute eindeutig ein 10-Punkte-Tag“, sagte Yao und biss in eine Scheibe Brot.
„Was du nicht sagst“,

kommentierte Herr Seltmann. „Das merkt man dir gar nicht an.“
„Ich hab auch einen 10-Punkte-Appetit!“, sagte Yao.
Nicht nur sein Lieblingskäse schmeckte besser als jemals zuvor, auch Herr Seltmann war netter als sonst und sogar der Himmel war blauer als üblich. Die Sonne strahlte direkt in Yaos Gesicht. Sonst störte ihn das. Heute nicht. Dieser Morgen fühlte sich besonders an. Nicht wie Geburtstag oder Weihnachten, aber irgendwie ähnlich. Jedenfalls überhaupt nicht normal.
„Heute darf ich wieder spielen!“, verkündete Yao jedem, der nun die Mensa betrat. Und endlich – für Yaos Geschmack viel zu spät – kamen auch die Jungs seines Alters.
„Spielst du in meiner Mannschaft mit?“, begrüßte er Haruki.
„Klar, Digga!“, sagte Adal, der direkt vor Haruki angelaufen kam. Mit erhobener Hand wartete er darauf, dass Yao abklatschte.

„Ich, äh … Okay!“ Yao schlug zögerlich ein und fragte dann sofort: „Haruki, bist du auch dabei?“

„Klar, Digga!“, antwortete Haruki im gleichen Tonfall wie Adal. Er grinste, denn er wusste, dass Yao Adal gar nicht fragen wollte und wie sehr Yao es nervte, dass Adal alle ständig Digga nannte. Jedem war klar, dass Digga sich nicht auf den Körperumfang bezog und auch nicht abwertend gemeint war, im Gegenteil: Damit zeigte ihm Adal, dass sie Kumpels waren.

„Ich bin dabei!“, sagte Haruki. Dabei klopfte er Yao so heftig auf die Schulter, dass dem das Brötchen aus der Hand fiel. Heute war wirklich sein Glückstag, dachte Yao und grinste breit. Denn sein Brötchen fiel, wie es sich gehörte, mit dem Käse nach oben auf seinen Teller.

Und schon hatte er seine Mannschaft komplett: er selbst, Haruki, Adal und Said. Vier gegen vier, hatte Frau Reinhardt gesagt. Jetzt brauchte Yao nur noch die Gegner. Die fand er in Max, Yusuf, Lars und Fiete.
Doch plötzlich stand Ali mit seinem Frühstückstablett neben ihm und verkündete: „Ich mache mit!"
Yao stutzte. Gegen Ali wollte er an diesem Tag als Allerletztes spielen.
Generell vermied er seit seinem Sturz alles, was ihn an den blöden Vorfall auf den glatten Fliesen erinnerte. Sogar am Hallenbad war er gestern nicht vorbeigegangen, obwohl er deswegen einen längeren Weg hatte nehmen müssen. Auch wenn er wusste, dass Ali an seinem Sturz nicht schuld war, gelang es Yao nicht, zu vergessen, dass er vor Ali weggerannt war, als es passierte.
„Ali, du kannst leider nicht mitspielen", sagte Yao.
Als würde Ali Yaos Gedanken lesen können,

sagte der: „Ich kann nichts dafür, dass du da in der Halle ausgerutscht bist!"
„Hää? Wovon redest du, Digga? Wir wollen nachher Fußball spielen. Aber bestimmt nicht so was!", sagte Adal, bevor Yao antworten konnte. Er zeigte auf einen großen blauen Fleck auf seinem Oberschenkel. Den hatte ihm Ali vor einigen Tagen mit einem Tritt beschert. „Wegen dir musste ich Freitag mein Training ausfallen lassen!"

„Das war doch keine Absicht“, antwortete Ali den fragenden Gesichtern. „Wie oft soll ich das denn noch sagen?“

„Jeder foult mal versehentlich“, versuchte Haruki zu beschwichtigen.

„Ja. Eben! Das kann jedem mal passieren“, bekräftigte Ali.

„Dir passiert das ziemlich oft, Digga“, behauptete Adal. „Und solche Fouls kann niemand gebrauchen, Digga. Yao jetzt schon gar nicht.“

„Schon gut, Leute“, schaltete sich Yao wieder ein. „Ali hat wirklich keine Schuld an meinem Ausrutscher im Hallenbad. Aber Frau Reinhardt hat gesagt, ich soll heute nur vier gegen vier spielen. Und wie du sehen kannst, Ali, sind wir vollständig.“

„Na schön!“, sagte Ali, drehte ab, sah sich um und ging mit seinem Tablett direkt zu den Jungs aus Zimmer 3.

„Jetzt lasst uns erst mal alle ordentlich frühstücken“, schlug Haruki vor, breitete eine

Papierserviette auf seinem Schoß aus und begann, sein Rührei zu essen.
„Und nach dem Spiel ein bisschen ins Hallenbad?“, schlug Fiete vor.
„Spinnst du?“ Yaos Faust verfehlte Fietes Oberarm.
Fiete wich rechtzeitig aus und ging zum Büfett.
Eine Stunde später trugen Max und Adal die beiden Tore an die richtige Position.
Sie spielten auf kleinem Feld. Beide Mannschaften wärmten sich mit verschiedenen Übungen auf. Yao hatte das Gefühl, über den Platz zu fliegen. Endlich wieder befreit aufspielen, endlich wieder kicken!
„Wir spielen vier gegen vier mit fliegendem Keeper. Das heißt, letzter Mann ist Torwart. Ich soll heute nur zwei Mal fünfzehn Minuten spielen, also machen wir das Beste draus! Ach so: und körperlos, also keine Zweikämpfe mit Grätschen und so. Nur Pässe und Ball abluchsen“, rief Yao den anderen zu und eröffnete das Spiel mit dem Anstoß auf Haruki.

Haruki leitete direkt weiter zu Adal. Adal wurde von Yusuf eng bewacht, stand aber schon vor dem Tor. Yusuf bedrängte Adal energisch, ohne ihn zu berühren. Adal konnte den Ball nur mit einem Rückpass retten.
Yao lief dem Ball entgegen und versuchte es mit einem schnellen Dribbling über außen.
Max startete gleichzeitig, trotzdem kam Yao vor ihm zum Tor.
Yusuf war jetzt letzter Mann, durfte also Hand nehmen. Adal stand genau hinter ihm, war nicht anspielbar. Doch halblinks in der zweiten Reihe bot sich Haruki an. Yao spielte zu ihm rüber. Doch da war Lars zur Stelle, der Haruki den Ball vor der Nase wegschnappte und den Gegenangriff einleitete.
Mist!
Yao, Haruki und Said spurteten zurück, so schnell sie konnten.
Aber Lars war zu schnell. Max war mitgelaufen. Haruki versuchte noch, in den Querpass zu grätschen, kam aber zu spät.

Max schob zum 1:0 ein.
„Verdammt!“, stöhnte Yao. Er wusste:
Das Gegentor war durch seinen Fehlpass entstanden.
Neuer Angriff, den dieses Mal Haruki einleitete, indem er vorn Adal anspielte. Der ließ abprallen auf Said. Der wiederum täuschte einen Schuss an, gab aber flach weiter zu Haruki, der den Ball aus vollem Lauf erwischte und ihn genau in den Winkel des kleinen Handballtors hämmerte.
1:1!
Said, Haruki und Adal klatschten ab.
Yao zog die Mundwinkel nach unten. Schön, sie hatten ein Tor erzielt. Aber er hatte den Ball nicht ein einziges Mal berührt.
Im Gegenzug traute Yao sich nicht, an den gegnerischen Yusuf heranzugehen, sodass der ungehindert passen konnte. Doch Haruki als letzter Mann und damit Torwart fing den Ball ab.
Yao sprintete, so schnell er konnte.
Der Fuß hielt. Er hielt!

VIER GEGEN VIER
Max
Yusuf
Lars
Fiete
Yao
Haruki
Adal
Said
der Ball
... eh klar!
der Fuß!
... wird er halten?
Yo und hallo bei:
ALIS SPORTSCHAU live
Und warum spiele ich nicht mit?
Wir fragen uns heute: Was macht Yaos Fuß? Ist er wieder fit? Wird er halten? Wer gewinnt?
Rot fängt an, los gehts ...
Yao auf Haruki ...
... Pass in die Tiefe auf Adal. Aber der kommt nicht vorbei an Yusuf ...
Adal muss rückpassen! Yao geht über außen, Yusuf steht vorm Tor ...
Yao kreuzt zu Haruki. Fehlpass! Lars schnappt sich die Kugel, flankt ...
... auf Max. Blau macht die Bude! TOOOOOR!

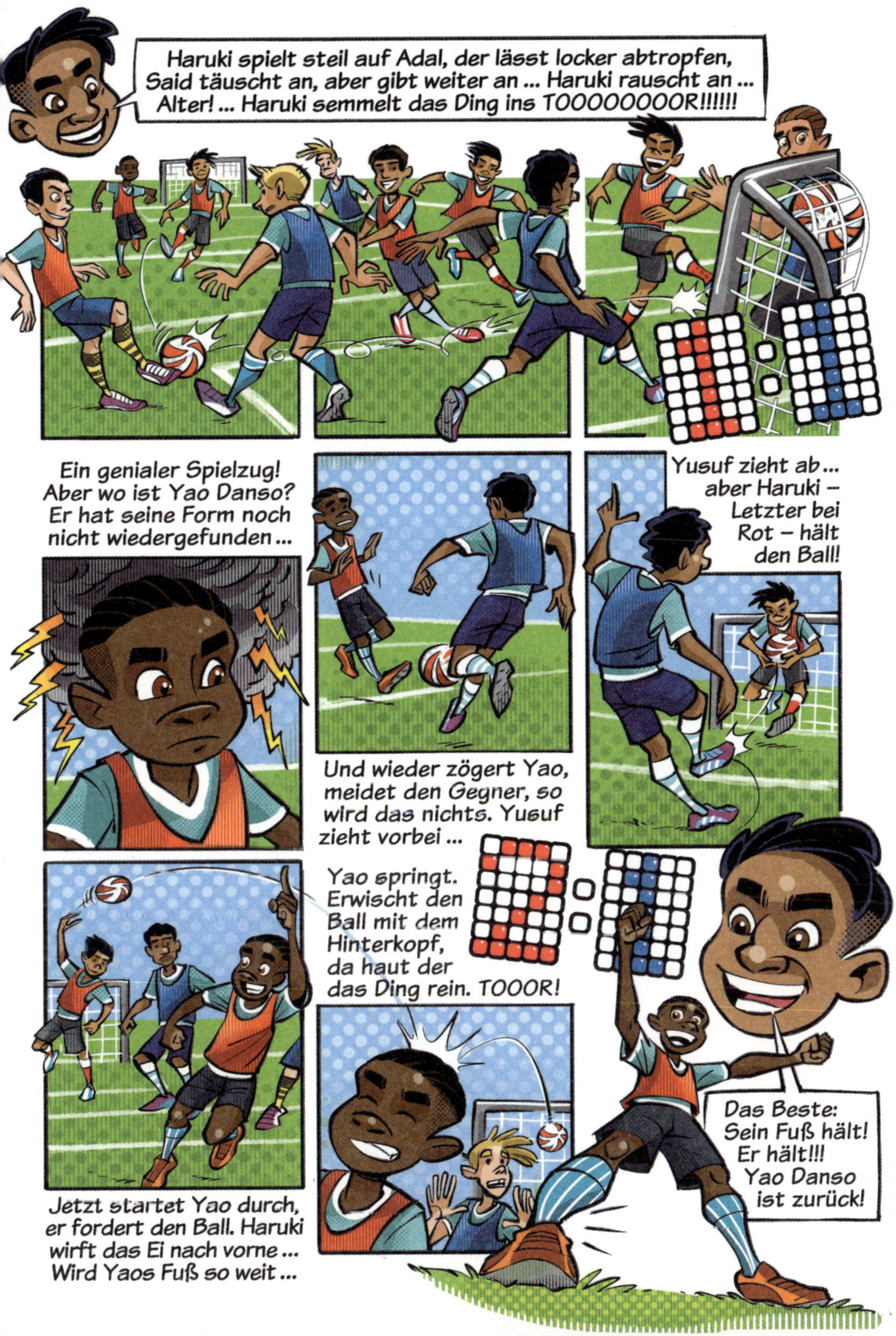
Haruki spielt steil auf Adal, der lässt locker abtropfen, Said täuscht an, aber gibt weiter an ... Haruki rauscht an ... Alter! ... Haruki semmelt das Ding ins TOOOOOOOOR!!!!!!
Ein genialer Spielzug! Aber wo ist Yao Danso? Er hat seine Form noch nicht wiedergefunden ...
Und wieder zögert Yao, meidet den Gegner, so wird das nichts. Yusuf zieht vorbei ...
Yusuf zieht ab ... aber Haruki – Letzter bei Rot – hält den Ball!
Jetzt startet Yao durch, er fordert den Ball. Haruki wirft das Ei nach vorne ... Wird Yaos Fuß so weit ...
Yao springt. Erwischt den Ball mit dem Hinterkopf, da haut der das Ding rein. TOOOR!
Das Beste: Sein Fuß hält! Er hält!!! Yao Danso ist zurück!

Haruki warf den Ball im hohen Bogen nach vorn.
Yao sprang ab, erwischte den Ball mit dem Hinterkopf, sodass er wie eine Bogenlampe über Fiete hinweg ins Tor segelte.
Yao landete auf beiden Füßen.
Er stutzte. Fühlte in sich hinein.
Kein Schmerz. Was für eine Erleichterung.
„Cool, Alter. Mit dem Hinterkopf!“, lobte Haruki.
„Cooler Abwurf!“, gab Yao das Lob zurück.
Yao war glücklich. Der Fußball hatte ihn wieder.

Ein neuer Beginn

Erst eine Woche war Yao an der Academy gewesen, als er im Hallenbad stürzte. Die zweite Woche hatte er weitgehend in seinem Zimmer, beim Arzt und mit Reha-Übungen verbringen müssen.
Jetzt begann die dritte Woche, die sich für Yao wie ein Neubeginn anfühlte.
Dazu passte der Montag, den Frau Reinhardt beim Frühstück in der Mensa mit der langersehnten Nachricht eröffnete: „Du kannst von heute an wieder ganz normal mittrainieren, Yao."
„Yeah!", schrie Yao durch den Saal, wobei

ihm etwas von seinem Rührei aus dem Mund spritzte.
Zwar hatte er nur eine Woche aussetzen müssen, doch das war ihm wie eine Ewigkeit vorgekommen. Endlich wieder richtig mit den anderen Jungs zusammen trainieren! Er wusste aber auch, dass er in der nur einen Woche viel versäumt hatte und einiges nachholen musste – vor allem an Konditionstraining. Es war irre, wie schnell man seine Fitness verlor. Das hatte Yao bereits am Vortag beim kleinen Spiel vier gegen vier gespürt. Doch er war zuversichtlich, dass er seine alte Fitness schnell zurückerlangte. Diesbezüglich hatte ihm auch Frau Reinhardt Mut zugesprochen.
Doch bevor er anfangen konnte, seine Trainingsversäumnisse aufzuholen, waren andere Ausfälle dran: die in der Schule!
Yao zog seinen Schuh aus und machte noch schnell ein Beweisfoto von seinem rechten Fuß. Das schickte er an die Familie und an Leon und schrieb dazu:

... schrieb Leon zurück.

... antwortete seine Mutter und dazu:

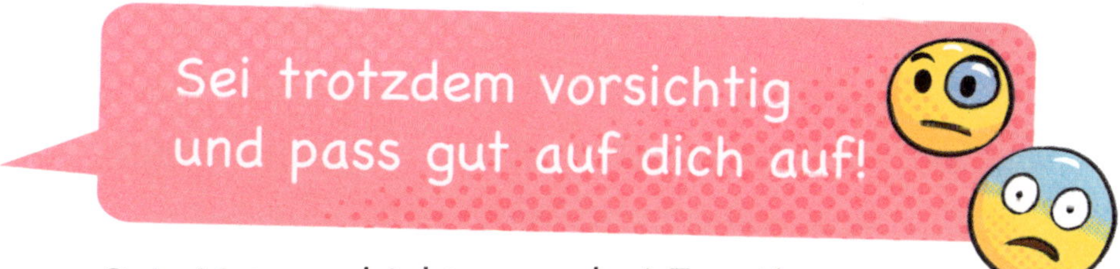

Sein Vater schickte nur drei Emoticons:

Sein Glücksgefühl hielt weiter an. Denn in der ersten Stunde hatten sie Englisch. Yao war zwar leider nicht wirklich zweisprachig aufgewachsen, da sein Vater zu Hause auch immer Deutsch sprach. Trotzdem hatte Yao von der Muttersprache seines Vaters und seiner Großeltern in Ghana so viel Englisch mitbekommen, dass er im Unterricht klar im Vorteil war.

„Heute bringe ich eine besondere Vokabelaufgabe mit", kündigte Frau Fröhlich an und verteilte an jeden ein Blatt mit Linien.

„'tschuldigung! Meins ist leer", rief Haruki ihr zu und wedelte mit dem Papier in der Luft.

Auch auf Yaos Blatt stand nichts drauf.

„So soll das sein", erklärte Frau Fröhlich. „Schreibt bitte alle englischen Wörter auf, die euch einfallen, und schreibt das deutsche Wort daneben. Ich will wissen, welche Wörter bei euch hängen geblieben sind. Und wie viele." Sie sah auf die Uhr. „Ihr habt zehn Minuten Zeit. Ziel ist, so viele Wörter wie möglich aufzuschreiben. Wenn das Blatt nicht langt, holt euch hier vorn ein zusätzliches.“

Endlich mal eine einfache Aufgabe, freute sich Yao und schrieb sofort los:

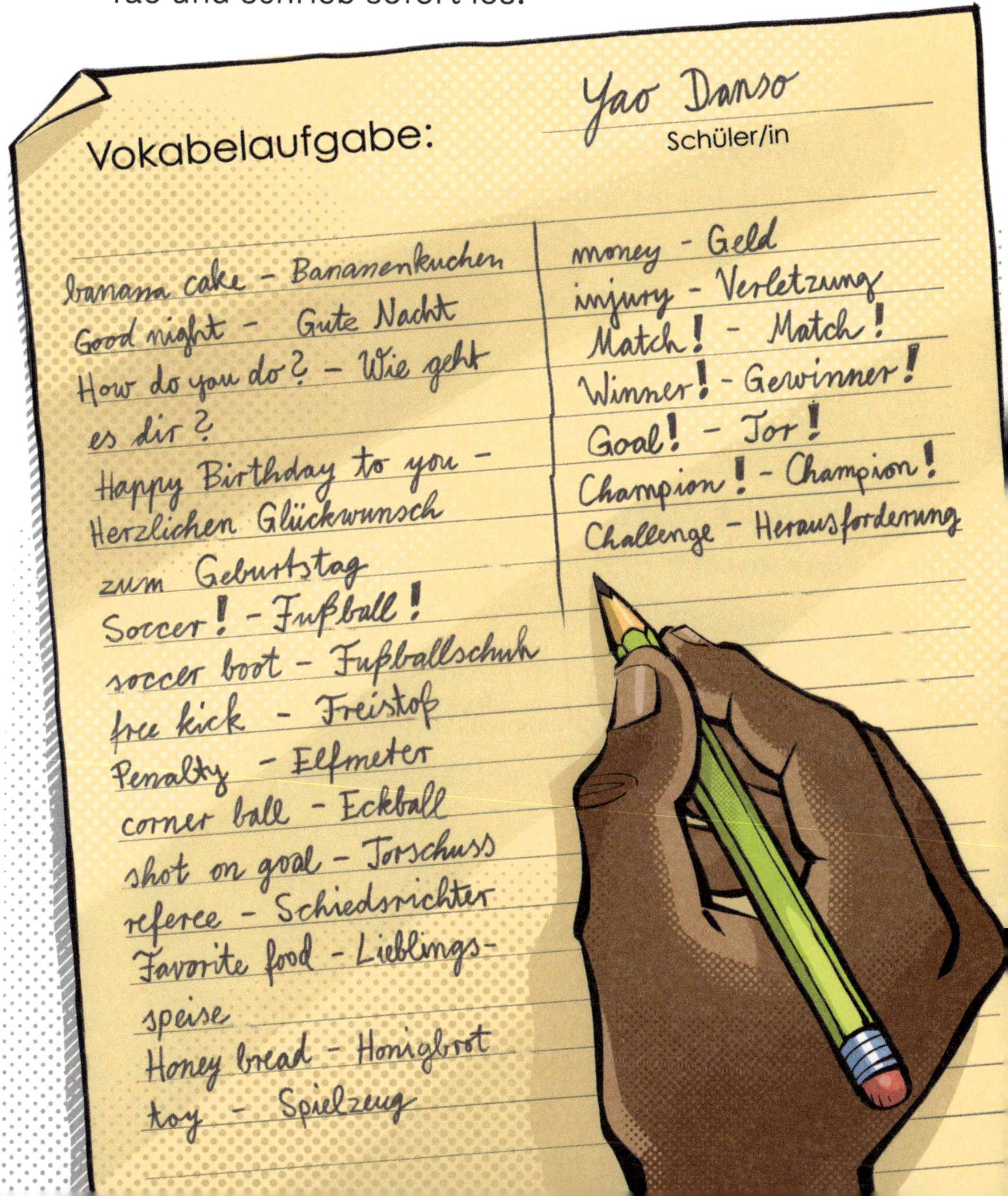

Yao hätte ewig so weitermachen können. Als zehn Minuten um waren, hatte er vier Blätter vollgeschrieben.
Zufrieden gab er ab und lehnte sich zurück.
Was für ein herrlicher Tag!
Bis in der nächsten Stunde Mathe drankam.
Da war sein Glückstag abrupt zu Ende.
Der Unterricht in der Academy war komplett anders, als er es aus der Grundschule gewohnt war. Bis auf Englisch und Sport natürlich fühlte er sich in der Schule mehr und mehr unwohl.
Noch immer hatte er mit niemandem darüber gesprochen. Auch nicht mit Fiete, irgendwas war jedes Mal dazwischengekommen.
Herr Rossler und Frau Fröhlich waren wirklich nett und hatten selbst großes Interesse an Fußball. Das gefiel Yao von Anfang an. Denn in seiner Grundschule hatten sich seine Lehrerinnen manchmal lustig darüber gemacht, dass er und andere Jungs so leidenschaftlich Fußball spielten. Trotzdem: Alle spürten, dass sie an der Academy im Unterricht nichts

geschenkt bekamen.
Egal, wie gut sie
Fußball spielten.
Täglich gab es
Aufgaben, die
sie selbstständig
erledigen mussten.
Natürlich hatte Yao
Veränderungen
erwartet. Ein
neuer Lehrer und eine neue Lehrerin, ein
neues Umfeld, neue Schulfächer. Darunter
neben Englisch auch Spanisch. Und erst
recht die Fächer Mathe, Geografie, Deutsch
(Rechtschreibung und Grammatik!) und so
weiter.

Herr Haberland hatte damals im
Informationsgespräch mit seinen Eltern
ausdrücklich betont: „Unser Unterricht steht
in nichts dem Unterricht an anderen Schulen
nach. Im Gegenteil, auch hier versuchen wir, auf
individuelle Bedürfnisse einzugehen.“

An diese Worte dachte Yao, als er nach ihrer kurzen Pause neben Fiete zurück in den Klassenraum trottete.
Er blickte sich um. Sie waren allein. „Sag mal“, konnte er nun endlich seine Frage stellen. „Wie findest du den Unterricht eigentlich?“
„Die Vokabeln bleiben irgendwie einfach nicht in meinem Kopf“, klagte Fiete. „Du hast es besser mit deiner Familie aus Ghana. Keine Ahnung, warum ich mir das nur so schwer merken kann. Da ist mir Mathe deutlich lieber. Aber Fußball ist natürlich tausend Mal besser, das steht fest“, antwortete Fiete.
„Ich begreife in Mathe irgendwie nichts“, gestand Yao. Er überlegte. „Vielleicht können wir uns ja irgendwie helfen?“
Fietes Gesicht hellte sich auf. „Ja, gern. Bloß: wie? Also dir Mathe erklären, okay. Das geht. Aber wie willst du es anstellen, dass ich mir Englisch-Vokabeln merke? Ständig kommen neue dazu. Wie willst du das schaffen?“
Nun lächelte Yao. „Das ist ganz einfach.“

„Echt?“, fragte Fiete überrascht. „Wie das denn?“
„Wenn wir beide zusammen Fußball spielen, zum Beispiel beim Zweiertraining oder so, spreche ich mit dir einfach nur Englisch. Ich glaube, so ähnlich lernen die Fußballprofis, die im Ausland spielen, auch immer die Sprache.“
„Gute Idee!“, rief Fiete und strahlte übers ganze Gesicht.
„Nur wie du mir Mathe beibringen willst, das wird noch spannend“, befürchtete Yao.
„Das kriegen wir schon hin“, behauptete Fiete.
Dass er außer in Mathe auch noch Probleme in Deutsch, Physik und Chemie hatte, verschwieg Yao vorerst.
Doch es kam noch dicker. In der dritten Stunde sollten sich alle vor dem Eingang vom Musiksaal einfinden, um ...
„... sich jeder dort ein Musikinstrument auszusuchen“, wie Herr Rossler sagte.
„Bitte was?“, fragte Yao ungläubig. Was sollten sie tun? Hilfe suchend blickte er zu Fiete und

Max. „Was soll ich denn mit einem Musikinstrument?“
Seine beiden Freunde hatten, ihrem Gesichtsausdruck nach zu urteilen, auch keine Ahnung.
Nur Haruki freute sich. „Ich spiele schon Gitarre. Vielleicht gibt es eine E-Gitarre, die ich mir leihen darf. Das wäre cool. Was holt ihr euch?“
„Triangel“, antwortete Yao trocken.
Max kicherte. „Genau. Ich hole mir das Ding, das es auch im Turnunterricht gibt. Das mit so Glöckchen am Rand. So was gibt's hier bestimmt. Wie heißt das Teil?“
„Tamburin“, antwortete Haruki.
„Genau“, lachte Max. „Da braucht man nur drauf rumkloppen!“
Er, Yao und Fiete lachten.
Haruki schüttelte den Kopf. „Ihr seid echte Banausen.“
Im Musiksaal griff sich Yao tatsächlich schnell die Triangel. Die Gitarren, Flöten, die E-Pianos,

Geigen und Bratschen sollten sich die anderen aussuchen.

„Ey, Leute, wartet mal!“, rief Max. „Das wäre doch etwas, oder?“ Er nahm sich eine der großen Posaunen.
Fiete kratzte sich ratlos am Kopf. „Was willst du denn damit? Willst du ernsthaft in einem Orchester spielen?“
„Quatsch!“ Max winkte ab. „Doch nicht zum Musikmachen. Für den Fußballplatz. Als Fan. Das Ding macht bestimmt einen Höllenkrach!“
Fiete und Yao grinsten.
Max wollte es sofort ausprobieren. Doch er brachte keinen Ton aus der Posaune heraus. „Ist wahrscheinlich kaputt“, behauptete er und legte das Instrument wieder beiseite. Dann entdeckte

er das Schlagzeug. „Das ist es, Leute!“, rief er. „Das ist Tamburin hoch zehn.“
Haruki schnappte sich eine E-Gitarre und ein Saxofon.
Fiete suchte sich schließlich eine Mundharmonika aus.
Plötzlich kam Yao sich mit seiner Triangel irgendwie blöd vor und entschied sich für ein E-Piano. Vielleicht war ein Synthesizer eingebaut. Dann konnte man wenigstens coole Geräusche damit machen.
Bis zum Mittagessen trötete, flötete, sirrte und krächzte, wummerte und bummerte es nur so übers Gelände, weil alle ihre neuen Instrumente ausprobierten. Es war nicht zum Aushalten.
Und Yao war froh, als sich endlich alle zum Essen in der Mensa einfanden.
Nur Max fehlte.
„Trommelt der etwa noch?“, fragte Yao.
Fiete schüttelte den Kopf. „Da kommt er.“
Max raste auf ihren Tisch zu, als ob er gleich kein Essen mehr abbekommen würde. Mit

hochrotem Kopf landete er bei seinen Freunden und rief über den Tisch: „Ihr glaubt nicht, was ich gerade gesehen habe!“
Fiete, Haruki, Yao, aber auch Yusuf und Lars sahen sich ratlos an.
„Was?“, fragte Fiete. „Etwa ein paar Profis, die uns besuchen?“
Max stutzte. Man sah ihm an, dass er auf diese Idee noch gar nicht gekommen war. „Wow! Das wäre was!“, schwärmte er. „Stellt euch vor, hier tauchten plötzlich …“
„Mahaaax!“, unterbrach ihn Haruki. „Was hast du gesehen?“
„Ach so.“ Max kehrte in die Realität zurück. „Ratet noch mal. Ihr kommt nie drauf!“
„Aliens?“, fragte Yusuf.
Alle schauten ihn verwirrt an.
„Hä?“, fragte Haruki und tippte sich an die Stirn.
„Schlimmer!“, antwortete Max.
Jetzt wussten die Jungs wirklich nicht mehr weiter.

„Also was?“, fragte Yao.
Max holte noch einmal tief Luft. Dann antwortete er: „Mädchen. Ich habe Mädchen gesehen. Hier auf unserem Gelände!“

Irene Margil ist Autorin, Vorlesecoach und Designerin. Sie arbeitete mehrere Jahre in der SAT.1-Sportredaktion. Seit 2008 ist sie freiberufliche Autorin, erschienen sind mehr als 40 Bücher, zuletzt ihr erstes Bilderbuch. Mit interaktiven Lesungen ermuntert sie zum Zuhören, Lesen und zum Vorlesen – online und in Präsenz. Für Erwachsene bietet sie Vorlese- und Präsentationscoachings an.
Mehr Informationen unter: www.irenemargil.de und www.lesungscoaching.de

Andreas Schlüter, geboren 1958, lebt und arbeitet in Hamburg. Bevor er mit dem Schreiben von Kinder- und Jugendbüchern begann, leitete er mehrere Jahre Kinder- und Jugendgruppen und arbeitete als

Journalist und Redakteur. Er ist Autor zahlreicher Serien und Einzeltitel für Kinder und Jugendliche, u. a. der Erfolgsserie „Level 4 – Die Stadt der Kinder“. Außerdem schreibt er Drehbücher für Kinder und Erwachsene (u. a. „Tatort“ und „krimi.de“).

Jan Saße hat schon immer gerne gezeichnet. In seine Mathehefte. Kein Wunder also, bei so viel Übung, welchen Beruf er wählte: nicht Mathematiker!

Nach ein paar Umwegen als Tischler, Grafiker und Filmstoryboarder ist er beruflich wieder bei der Sache gelandet, die er am liebsten macht: beim Zeichnen.

Nicht mehr in Mathehefte …

Aber in Kinder- und Jugendbücher, wie z. B. „Die drei ??? Kids“, den „Pumuckl“ und „Fußball Academy“.

Wir behalten uns die Nutzung unserer Inhalte für Text und Data Mining im Sinne von § 44b UrhG ausdrücklich vor.

MIX
Papier | Fördert gute Waldnutzung
FSC® C018236
FSC www.fsc.org

Wir produzieren nachhaltig
• Klimaneutrales Produkt
• Papiere aus nachhaltigen und kontrollierten Quellen
• Hergestellt in Europa

© 2022 Carlsen Verlag GmbH, Völckersstraße 14–20, 22765 Hamburg
Umschlag- und Innenillustrationen: Jan Saße
Umschlaggrafik: Stefan Haupt und Jan Saße
Lektorat: Steffi Korda, Büro für Kinder- und Erwachsenenliteratur, Hamburg
Gestaltung, Satz und Herstellung: Stefan Haupt
ISBN 978-3-551-65207-2